田園回帰がひらく未来

農山村再生の最前線

小田切 徳美、広井 良典、大江 正章、藤山　浩

JN187801

岩波ブックレット No. 950

はじめに

本書は、二〇一五年一一月一七日に行われた、全国町村会と一般財団法人・地域活性化センターの主催による連続企画「都市・農村共生社会創造全国リレーシンポジウム」の東京会場での発表とディスカッションをもとに構成されています。その開催のきっかけは、全国町村会による『都市・農村共生社会の創造——田園回帰の時代を迎えて』という提言文書でした(全文はhttp://www.zck.or.jp/teigen/)。

「いま真に必要なことは、都市と農村の対立ではなく、「都市の安定と農村の安心」という視点からの、「都市・農村共生社会」の創造である。都市と農村高齢化がともに進む時代を迎えても、都市の安定のためにも農村はその価値を見失ってはならない。また、農村の安心のためにも都市はその機能を維持することが求められる」として、「都市農村共生社会の構築」を提起するこの文書は、さまざまな主体が連携し国民的ムーブメントを興すことをよびかけています。

この目的で、二〇一五年七月から、特色あるテーマのシンポジウムが、全国五箇所(開催順に、山形、愛知、東京、広島、熊本)で、リレーのごとく次々と実施されました(その記録はhttps://www.facebook.com/relaysympo2015/を参照)。

三番目に開催された東京シンポジウムのテーマは「田園回帰と日本の未来」。「田園回帰」とは、都市の住民が農山村に移住する現象を指しています。最近は、テレビや新聞、雑誌等のマスメディアでもしばしば取り上げられ、東京などの大都市では、地方への移住相談や関連イベントに参加者が溢れるほど、人々の関心も高まっています。

東京のシンポジウムがこのテーマを取り上げたのは、こうした現実があるからに他なりません。なぜ都市の人々、特に若者が農山村に向かうのか。農山村は受け入れる準備はあるのか。この現象にはいかなる多様性があるのか。この動きを定着させる戦略とは――「田園回帰」をめぐる論点はまだまだ残されています。

その解明を意識して、シンポジウムでは、第一部を「基調スピーチ」とし、公共政策論から広くコミュニティを問い続ける広井良典氏、地域ガバナンス論から農山村の状況を論じる筆者（小田切）、環境・農業ジャーナリストとして全国の地域の取り組みを見てきた大江正章氏の三人が登壇しました。第二部は、「田園回帰一％戦略」の提唱者である島根県中山間地域研究センター・研究統括監の藤山浩氏をコーディネーターに、三人の田園回帰の実践者（長島由佳氏〔茨城県〕、須田元樹氏〔岡山県〕、横洲竜氏〔島根県〕）、さらにコメンテーターに財政学研究者の沼尾波子氏を加え、パネルディスカッション「田園回帰のススメ―共生と循環の扉を開く」が行われました。藤山氏から実践者たちに、都市と農村の共生――その具体的な実践としての「田園回帰」の実現――に必要なものを巡る三つの質問が投げかけられ、登壇者たちは自筆のパネルを提示しながら、それぞれのユニークな視点と経験を語りました。

これら基調講演とパネルディスカッションで、「背景」「本質」「諸相」「戦略」の視点から、「田園回帰」が多面的に論じられたと言えます。さらに、「田園回帰」を単なる人口移動と捉えるのではなく、リレーシンポジウムの大きなテーマである「都市・農村共生社会」にとって、どのような意味と課題があるかを追求し、その視野と射程を拡げているのです。「田園回帰がひらく未来」という本書のタイトルは、そのことを反映しています。

当日の会場には、約三〇〇席が用意され、ほぼ満席となりました。国や地方の行政、学界関係者だけでなく、農山村や都市の地域レベルで活動されている方々の参加も多く、実に多様な皆さんが参加されていました。

田園の「ヨソモノ」が，風景も人も耕す（写真・岡山県鏡野町，須田元樹）

当ブックレットは、その基調スピーチ（広井、小田切、大江の各報告）と、パネルディスカッションのコーディネーターの問題提起（藤山報告）、計四つの議論（本書1〜3および5）に加え、実践者たちの発言のエッセンスと沼尾氏のコメント（本書4）をまとめたものです。紙幅の都合もあり、パネルディスカッションでの発言は、大幅に圧縮しましたが、当日の臨場感を損なうことがないよう努めました。

本書が、ともすれば政治的、経済的に閉塞状況になりがちな現状から脱し、「都市・農村共生社会」が創造される素材の一つとなれば幸いです。

報告者を代表して　小田切徳美

1　人口減少社会から希望の定常化社会へ

——田園回帰の背景

広井良典

人口減少社会をポジティブにとらえる

まず印象的な絵からご紹介します（次頁図1）。大きな日の丸の下で、子どもがつぶれそうになっていて、Japan's burden と書いてあります。二〇一〇年一一月のイギリスの経済雑誌『エコノミスト』の表紙です。「ジャパン・シンドローム（日本症候群）」という言葉も話題になりましたが、一言で言うと、「日本社会が直面している課題の核心は人口減少と高齢化である」というものです。ただし、それは各国もこれから直面する問題なので、日本がいかに対応するか、世界にとって大きな関心事だということです。経済誌なので、基本的には人口減少や高齢化をネガティブに捉えていて、その中でいかに経済成長をはかるか、という特集でした。私自身は、人口減少や高齢化は確かに大変な問題だけれども、「果たしてそうばかりか」と考えています。そこにはさまざまなプラスの可能性やチャンスも、宿っているのではないか。

広井良典さん

二〇一四年の「消滅可能性都市」（増田寛也＋日本創成会議・

図1 『エコノミスト』2010年11月号の表紙

人口減少問題検討分科会「提言 ストップ人口急減社会」『中央公論』二〇一四年六月号）、いわゆる「増田レポート」の発表以来、人口減少問題が非常に活発に論じられています。**図2**は平安時代ごろからの日本の人口トレンドを見たものですが、江戸時代後半は大体三〇〇〇万人ぐらいの人口でほぼ安定している。しかし〝黒船ショック〟を通じて欧米の軍事力、その背景にある科学技術力に驚いて、富国強兵政策が始まり、グラフの傾斜が直立するくらい一気に人口増加が始まった。第二次世界大戦後が七〇〇〇万人ぐらいで、その後も衰えることなく、高度成長期にずっと人口が伸びていったわけです。

二〇〇五年に初めて人口が減り、その後は上下しつつ、二〇一一年からは完全な減少期に入った。この出生率が続けば、二〇五〇年には人口が一億人を切って、その後もさらに減り続けることが予測されます。図を見ると、ジェットコースターのてっぺんから、ガタガタ落ちる直前にいるかのようで、「大変だ！」となるわけです。

しかし「果たしてそうばかりか」というのは、この人口拡大期は、物質的豊かさ、経済的豊かさは実現したけれど、無理に無理を重ねてきた時代でもあった、と思うからです。過労死という

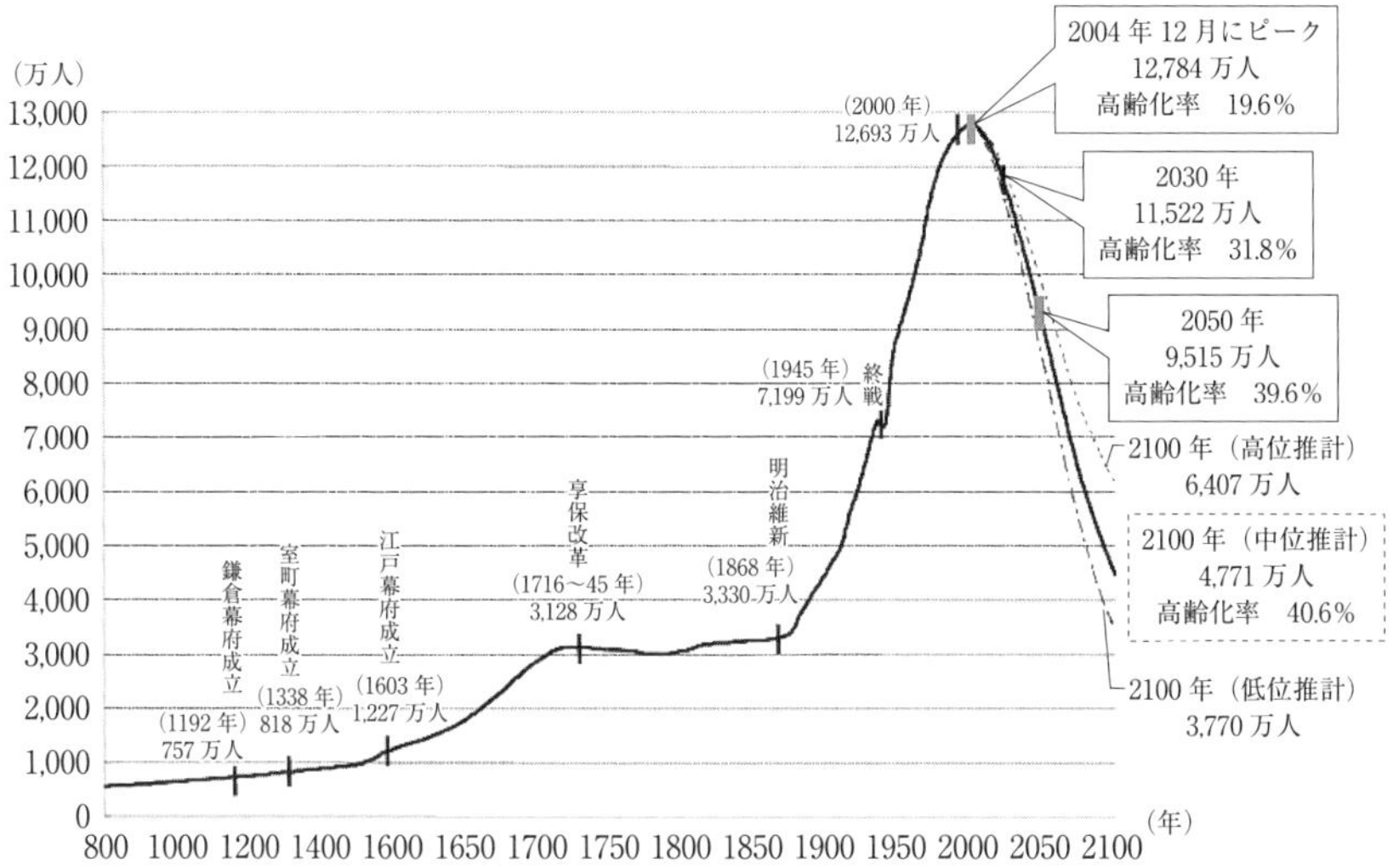

図2　日本の総人口の長期的トレンド

出所：総務省「国勢調査報告」，同「人口統計年報」，同「平成12年及び17年国勢調査結果による補間推計人口」，国立社会保障・人口問題研究所「日本の将来推計人口」(平成18年12月推計)，国土庁「日本列島における人口分布の長期時系列分析」(1974年)をもとに，国土交通省国土計画局作成．

言葉が生まれるくらいの無理を重ねた時代には、失ったものも多かったのではないか。だとすれば、今立っているのは、そうした状況からの転換点であり、本当の豊かさや幸福を考えていく時代への、入り口ではないか。そう思うわけです。

いま「幸福」というテーマへの関心も高まっています。有名な国際比較としては、ミシガン大学を中心に行われている世界価値観調査の「幸福度のランキング」があります。その一位はデンマーク、日本は四三位。イギリスのレスター大学による「ワールドマップ・オブ・ハピネス」では、やはりデンマークが一位、日本は九〇位とかなり低い。「幸福度の国際比較」は文化の違いもあって非常に難しく、額面通りに受け止める必要はないのですが、日本について言えば、経済的な豊かさのわりに幸福の点で見劣りがする、考え直す必要があるのではないか、これはそう示唆しているわけです。

幸福度に関する研究は、いま国内外ともに活発ですが、ノーベル経済学賞を受賞したスティグリッツやセンといった経済学者による「GDP（国内総生産）に代わる豊かさの指標」の――つまり「幸福」という価値につながる――報告書や、ブータンのGNHはご存じの方も多いと思います。東京都の荒川区が掲げている「グロス・アラカワ・ハッピネス（GAH）」は、区民の幸福度を高めようという指標で、まず子どもの貧困問題に取り組み、ローカルなレベルで幸せを考えることを打ち出しています。熊本県のAKHは「アグリゲート・クマモト・ハピネス」です。いずれも、経済的なGDPには還元できない、地域の豊かさを考える動きです。

若い世代のローカル志向

一九七五年、私は中学生でしたが、『木綿のハンカチーフ』という歌が流行《はや》りました。時代の世界観・価値観を象徴した歌で、「東へと向かう列車」という歌詞の通り、すべてが東京へと向かって行く。離れて暮らす恋人同士の掛け合いで、男性は東京の暮らしが楽しくて帰れない。最後は、女性が「涙を拭く木綿のハンカチーフをください」という。人口増の線が直立していたこの時代は、すべてが東京に向かった。しかしこれからは、そうした人口拡大期とは異なる流れ、あるいは逆の流れが生まれる。現在はその入り口だと思います。私自身、ゼミの学生や若い世代のローカル志向、地域志向、地元志向が非常に顕著になってきていると、いろいろな場面で感じます。「田園回帰」は、この延長線上の現象だろうと思います。

理屈っぽく言えば、「時間軸の優位」から「空間軸の優位」への変化です。拡大成長期には、すべてが同一方向に流れていた。「こっちの地域は進んでいる、そっちは遅れている」「アメリカは進んでいる、アジアは遅れている」「東京は進んでいる、田舎は遅れている」という具合に、それぞれの位置が時間軸上に置き換えられる、つまり時間軸の優位です。その時間軸が背景に退き、むしろ空間軸、つまり各地域の豊かさや個性、風土的・文化的特徴や多様性のほうに、人々の関心が向かう時代になりつつあるのではないか。

ゼミの学生の卒論テーマを見ても、静岡のある町出身の学生は「自分の生まれ育った町を世界一住みやすい町にする」、新潟出身の学生は「地元の農業を活性化させたい」というように、ローカルなものに注目している。グローバル志向の学生が海外から戻った後に日本のさまざまな問題を実感し、「まずは地域の問題を解決する」という道を進む例もよくあります。しばらく前は、若者の「内向き志向」への批判もありましたが、最近は「地方創生」という掛け声もあって、一時ほどそういう批判はなくなってきました。ただしポテンシャルがかなりある一方、いろいろなハードルがあるのも確かで、いかに支援するかが重要だと思います。

統計的にも、若い世代のローカル志向が表れています。リクルート進学総研調査（二〇〇三年）では、大学進学者の四九％が「地元に残りたいと考えて志望校を選んでいる」と回答していて、四年前に比べ一〇ポイント増です。また文部科学省の二〇一四年度調査では、高校生の県外就職率は一七・九％で、〇九年から四・〇ポイント減です。内閣府の世界青少年意識調査（一八～二四

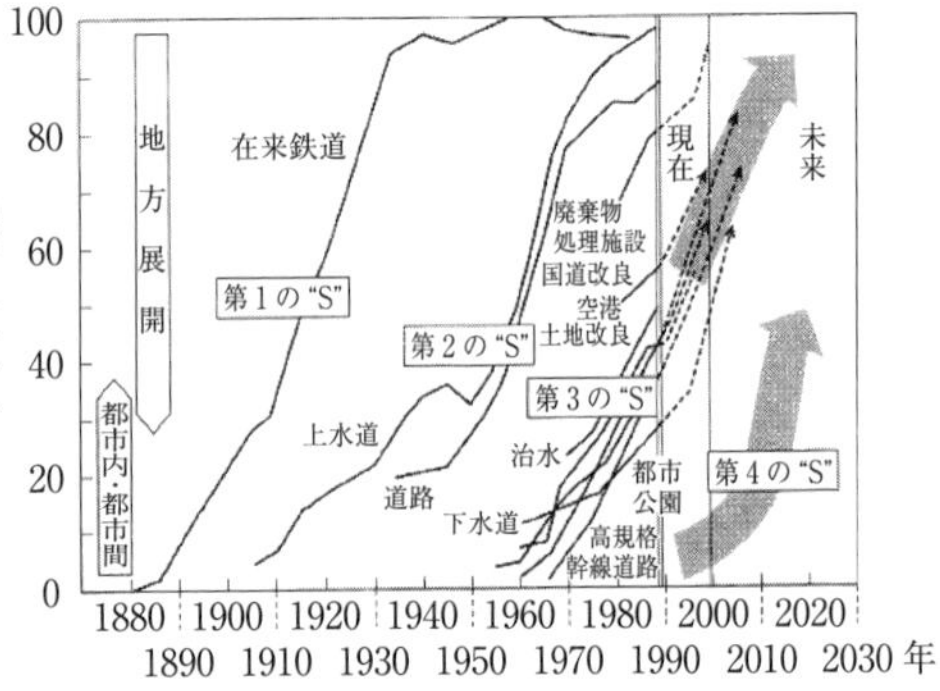

図3　社会資本整備の4つのS字カーブ

出所：通商産業省『創造的革新の時代』1993年.

歳対象)では、「今住む地域に永住したい」という回答が四三・五%で、九八年調査から一〇ポイント近く増加です。面白い傾向だなと思うのは、首都圏の私立大学に入学する地方出身者の割合が、低下していることです。かつては全国の学生が東京に集まったけれど、今や首都圏の大学に行く人の七割方は首都圏出身で、逆に言うとそれぞれの地域、ローカルへの志向が高まっているのです。

これには経済的な背景もあると思います。明治期以降の社会資本の整備過程を見ると(**図3**)、最初のS字型で鉄道が整備され、第二のSで道路。第三のSは高度成長期後半で、空港や高速道路などです。思えば鉄道や高速道路、空港といったものは、一地域ではプランニングできない、いわば経済の空間的な単位が国レベルですから、どうしても中央でのプランニングが効率的になる。けれども、これからの時代に発展が期待される領域は、福祉、環境、文化、まちづくり、農業といった分野で、いずれもローカルな性格のものです。いわば問題解決の単位が、ローカルなレベルにシフトしてきている。ですから、問題意識の高い学生が、おのずとローカルなテーマに関心を向けるのではないか。

グローバル化の先のローカル化

総務省の労働力調査(二〇一三年)で失業率の都道府県別ワースト一五には、福岡県、大阪府、東京都、埼玉県、それから兵庫県、神奈川県という具合で、実は大都市圏が多く入っている。工業化が進む高度成長期は大都市圏に出ていけば仕事があったわけですが、今はむしろ大都市圏の失業率が高い。こういった点も、ローカル志向、地域志向とかかわっているわけです。

二〇一〇年の夏に、「地域再生・活性化に関する全国自治体アンケート調査」を行いました(対象は、全国市町村の半数と政令指定都市、特別区、中核市から九八六団体)。質問の一つは、「人口減少社会という時代状況において、今後の地域社会や政策の大きな方向性はどういうものか」です。回答はやや単純化して三択にし、「成長型社会」「定常型社会」「縮小型社会」から選んでもらいました。結果は、「定常型社会」との回答が、予想を超えて七割以上でした。拡大・成長ではなく生活の質的充実が実現されるような地域社会を追求していく、ということです。「拡大・成長」志向の自治体は一割ぐらいにとどまっている。

もう一つの質問は、「今の政策課題で何が優先度が高いと考えられるか」。これは九つの選択肢のうち、回答の断トツ上位に「少子化、高齢化の進行」と「人口や若者の流出」がのぼっている。当然ながら地域によって、かなり差があります。小規模の市町村には「人口減少」や「若者の流出」が大きな問題で、中規模の地方都市になると「中心市街地の衰退」、〝シャッター通り化〟ですね。大都市圏では「コミュニティのつながりの希薄化や孤独」が上位を占めていて、人口減少時代の課題といっても地域によってかなり違う。これらをバラバラに考えるのではなく、つなげて考えていくことが大事です。

二〇一五年七月、私の大学(千葉大学)の学生を対象に、Uターン・Iターンに関する簡単なアンケート調査もやってみました。「大学を卒業してから就職する場所の選択について、あなたの考えは次のどれに最も近いですか」という設問に対し、「できるだけ東京など大都市近辺で就職したい」「地方都市や農村など落ち着いた雰囲気の場所で就職したい」「大都市か地方かといった基準ではなく、自分の地元に近いところで就職したい」、そして「どんな内容の仕事かが最重要であり、場所についてはこだわらない」「その他」、の中から選んでもらいました。

結果は、確かに「大都市圏がいい」という回答は多い(三三%)のですが、「仕事の内容いかん」がそれと拮抗する(三一%)。「地方都市」(一二%)や「地元」(一八%)という回答をこれに合わせると、全体の六割を超える。これは新しいトレンドだと思います。

もう一つの質問は「人口減少問題が言われる中、東京への人口集中は今後どのように進むと思うか」。選択肢は、「今後さらに進んでいく」「ある種の均衡状態になる」「むしろ地方などへの回帰が進んでいく」「政策のあり方によってかなり異なってくる」と与えたところ、「さらに進む」という回答が確かに一番多い(三五%)。でも「政策による」がそれに匹敵するぐらいです(三二%)。つまりUターンやIターンという動きは、基本はもちろん若者の自発的な行動や個別の実践ですが、同時に、さまざまな政策の支援が、重要なのだと思います。

私は、これからの政策課題として「コミュニティ経済」という視点が重要ではないかと思っています。特にポイントとなるのは、「経済の地域内循環」、つまり「人、モノ、カネ」が地域内でできるだけ循環する社会。ここ数年、活発に議論されているテーマだと思います。

必ずしも十分認識されていないことですが、日本は実は貿易への依存度が低い国なのです。各国の貿易依存度（ＧＤＰに占める輸出入割合）を見ても、だいたい二〜三割ないし四割を超えているのに較《くら》べて、日本は十数％と低い。ＴＰＰ（環太平洋連携協定）の議論もふくめ、日本は貿易立国だ、輸出立国だと強調され過ぎているのです。むしろ国内、あるいは地域で経済が回って行くポテンシャルをかなり持っている。この点を強みに、もっと地域で経済が循環する方向、つまりコミュニティ経済を目指すほうが、実は経済や雇用にとってもプラスではないか。

「拡大・成長」志向からの脱却が豊かさをもたらす

もう一つは自然エネルギー（再生可能エネルギー）です。千葉大学の同僚で環境政策が専門の倉阪秀史さんによると、日本全体ではエネルギー自給率は四％ぐらいですが、地域ごとに見ていくとかなり様相が違う。二〇一四年の数字では、温泉などの多い大分県が一位（二六・九％）で地熱発電のポテンシャルが高い。長野（一五・四％）や富山（一七・六％）は、山がちの風土を活用して小水力発電なども盛んです。日本のそれぞれの地域は、自然エネルギーという点でも、ポテンシャルはかなりある。こういったものを発展させていくことが重要になってきます。

課題の二番目は「伝統文化の再発見」です。これに関して私は数年来、「鎮守の森・自然エネルギーコミュニティ構想」を進めています。日本全国の神社とお寺の数は――私も驚きましたが、大体それぞれ、八万数千ずつぐらいあります。明治の初めには二〇万ぐらいあった。「鎮守の森が二〇万あった」というのは、当時の日本の地域コミュニティの数が二〇万だった、と大方理解してよいでしょう。神社や寺の「鎮守の森」は、狭い意味での宗教施設にとどまらず、お祭りや市《いち》、寺子屋といったローカルな機能の拠点です。鎮守の森を自然エネルギーと結びつけて発展させていきたい、と考えたのがこのプロジェクトです。

岐阜県石徹白《いとしろ》地区（郡上《ぐじょう》市）では、Uターン組の若者が、地域再生機構というNPOを作って、小水力発電をベースとした地域再生活動にとりくんでいます。副理事長の平野彰秀さんは以前は東京の外資系コンサルティング会社で働いていたUターン者で、お話を聞いて非常に印象的だったのは、「自然の力をお借りしてエネルギーを作り出す」という言葉でした。「地域で自然エネルギーに取り組むということは、地域の自治やコミュニティに力を取り戻すことであると私どもは考えております」ともおっしゃっていて、非常に深いメッセージです。

三番目は、「人生前半の社会保障」です。今の日本は、社会保障の七割方は高齢者関係で、若者や子育て世代、子どもに対する支援や配分が国際的に見ても非常に不足しているのです。そうした世代への支援を「地域」という視点と結びつけた政策が重要で、たとえば地域おこし協力隊のような仕組み（二〇一四年度で約一五〇〇人）は現在よりも大幅に拡充すべきと考えます。

そして四番目は、「都市と農村の持続可能な相互依存」です。地域の「自立」という言い方がありますが、実は食料やエネルギーを農村に依存しているのは都市です。しかも都市は農村からそれらを非常に安価な値段で調達しているわけで、農業や自然エネルギーに関するさまざまな支援策や再分配があってこそ、都市と農村は互いに共存していけるのです。

こうした政策課題を含めて、どのような社会を目指すのかと言えば、それは「持続可能な福祉社会」です。私は「定常型社会」という言い方をしていますが、田園回帰の動きは、そういった大きなビジョンとつながってきます。

この場合、たとえば日本の都道府県で出生率が一番高いのが沖縄県であり、一番低いのは東京都であることにも示されるように、〝二四時間戦えますか？〟という感じでひたすら拡大・成長を目指す方向は、皮肉なことにかえって出生率の低下や人口減少を加速してしまうことになります。逆説的にも、今よりも少し歩くスピードをゆっくりにし、ひたすら「拡大・成長」を目指すという方向から発想の転換をしていくことが、結果的に出生率の改善や人口の定常化、都市と農村のバランスの回復にもつながっていくはずです。

日本はもともと、分権的で地域の多様性に富む社会です。拡大・成長社会から人口減少への移行期は、地域に根ざした豊かさを実現する大きなチャンスではないか。いまの日本は定常型社会のあり方を先導的に実現し発信していくポジションにある、と言えると思います。

2 「地域みがき」が人を呼ぶ
――田園回帰の本質

小田切徳美

田園回帰の実態と特徴

いまご報告のあった広井良典先生の『定常型社会』(岩波新書)という本の「帯」には、「今を希望ある移行期とできるか」とあります。私の報告では、この「希望ある移行期」のために、「田園回帰」をどう位置づけられるのか、考えてみたいと思います。

二〇一五年五月に公表された『食料・農業・農村白書』の特集は「田園回帰」でした。この白書は閣議決定を経たものですので、「田園回帰」という言葉とその認識を政府が正式に認めたことを意味します。

小田切徳美さん

そして、二〇一四年六月の世論調査の結果は、こうした傾向を裏づけています(**表1**)。「都市住民の農山漁村への定住願望」の数字を見ると、特に男性の二〇歳代が、四七%も「将来農山漁村に移住したい」と答えていることが目立っています。全般的に見ても、国民の農山漁村への移住願望が高くなっていることが確認できます。しかし、それ以上に注目すべきは、「あな

表１　国民の農山漁村地域に対する意識

単位：%

	①都市住民の農山漁村への定住願望の有無				②子育てに適している地域（2014 年）			
	男性		女性		男性		女性	
	2005 年	2014 年	2005 年	2014 年	農山漁村	都市	農山漁村	都市
20 歳代	34.6	47.4	25.5	29.7	55.7	40.0	58.1	37.1
30 歳代	17.1	34.8	16.9	31.0	42.2	51.0	55.6	38.9
40 歳代	18.3	39.0	14.1	31.2	45.5	43.0	48.3	41.5
50 歳代	38.2	40.7	20.7	27.0	42.1	51.6	51.1	36.3
60 歳代	25.0	37.8	14.6	28.8	51.6	38.4	55.1	33.8
70 歳代以上	18.8	28.3	9.5	17.3	53.4	34.4	45.9	35.6
合計	25.7	36.8	16.3	26.7	48.5	42.3	51.4	37.0

出所：内閣府「農山村に関する世論調査」(2014 年).

たは将来子供を農山漁村で育てたいか、都市で育てたいか」という設問への回答です。男性は、都市か農村か、世代によってフラフラしており、三〇歳代・五〇歳代、つまり自分の子どもや孫ができつつある世代の男性は、「やはり都市で育てたい」と考える傾向にあります。それに対して、女性は世代によるブレがなく、そのため、男女の差は、三〇歳代で一番大きくなっています。三〇歳代の女性の過半は、男性と違って、農山漁村で子どもを育てたいと答えている。実は、この世代の女性のリアリティが、田園回帰につながっているのではないかと予想されます。

実際、後に報告がありますように、藤山浩先生の島根県のデータでは、二〇〇九〜一四年の間に、県内二二七のエリアのうち、九六エリアで、三〇代の女性人口が増えています。これが、田園回帰の実態です。また、そのお隣の鳥取県では、市町村の住民票窓口で転入の詳細を把握

表 2　鳥取県における移住者の動向(2011～2014 年度)

		増田レポートによる「消滅可能性」	人口(2014 年)A	移住者数(2011～14 年度累計)B	比率 B/A %	同左, 年平均 %
鳥取県計			587,067	3418	0.6	0.1
うち市部			429,684	1681	0.4	0.1
うち町村部			157,203	1737	1.1	0.3
比率が高い町村	日南町⑪	◎	5,345	146	2.7	0.7
	伯耆町⑧	◎	11,418	295	2.6	0.6
	日野町⑬	◎	3,551	80	2.3	0.6
	智頭町⑨	◎	7,792	151	1.9	0.5
	三朝町⑩	◎	7,020	90	1.3	0.3
	北栄町⑤	○	15,718	192	1.2	0.3
	江府町⑮	◎	3,294	40	1.2	0.3

出所：鳥取県資料および「住民基本台帳人口」より作成.
注 1) 町村の◎, ○は日本創成会議リポートの「消滅可能性都市」リストにあるもの. そのうち◎は 2040 年の人口が 1 万人以下と推計されたもの.
注 2) 町村名の番号は県内 15 町村中における人口順位.

していることもあり、こうした傾向の細部がわかります。具体的に見れば、二〇一一年に約五〇四名だった移住者数は、一四年に一二四六名、と約二・五倍に伸びている。移住者の定義を自治体間で統一するために、この数字には県内移動は含まれていません。町村別に見ると、移住者数の人口比では日南町がトップで、年平均〇・七％、つまり人口の毎年約一％近くが移住をしてきます。日南町へのヒアリングによると、県内移動を含めれば、実態はその約三倍となるそうです。例えば鳥取大学を卒業して日南町に移住するというような県内移住のケースが、数の上で把握されていないからです。三倍だとすると、既に人口の二％前後が移住しているのかもしれません。

藤山先生が著書『田園回帰1％戦略』で示したのは、ご本人からも紹介があると思いますが、「毎年、地域の人口の一％の若い世代が地域に戻ってくれれば、一〇年後には高齢化率が下がり始め、人口の健全な状態を保つことができる」という理論ですが、鳥取県内のいくつかの町村では既にその条件が満たされている可能性があります（**表2**）。

それでは、こうした数字を実現している人々にはどのような特徴があるのでしょうか。実態調査によれば、第一に、世代的には、団塊の世代は期待ほど多くなく、むしろ二〇～三〇代が中心です。第二に、女性の割合が顕著に上昇する傾向にある。従来は圧倒的に単身の男性でしたから、この変化は重要です。特徴の三つ目は、その職業です。移住者の一部には、一種の多業化が進んでいる。典型的には、年間六〇万円の仕事、つまり月五万円の仕事を、夫婦で五つ集めて三〇〇万円で暮らすと言われています。もちろん、安定的な仕事を求める移住者も少なくありませんが、島根県のアンケート調査によれば、移住者の約三割が、複数の収入源を得ています。都市でもこうした動きがあり、生業《なりわい》をカタカナにして「ナリワイ」と呼んでいますが、そのような生活をしていると言えます。

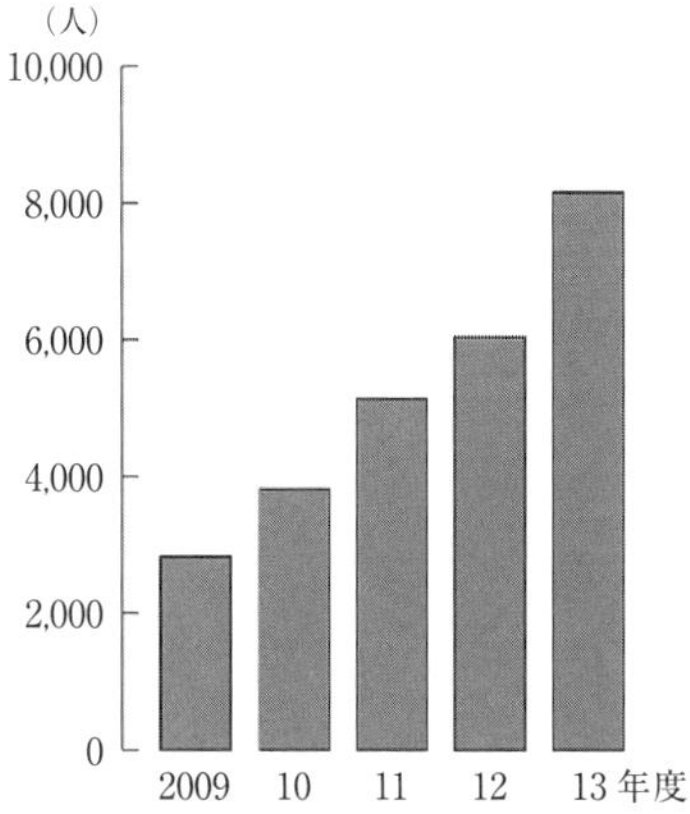

図4　移住者数の推移

出所：毎日新聞・明治大学合同調査（2014年）

四番目は、地域おこし協力隊（二二頁コラム参照）などの制度を積極的に利用して移住している、とい

表3　移住者数とその動向

合計人数（人）		2009年度	2010年度	2011年度	2012年度	2013年度
		2,864	3,877	5,176	6,077	8,181
順位	①	島根	鳥取	島根	鳥取	鳥取
	②	鳥取	島根	鳥取	島根	岡山
	③	長野	長野	長野	鹿児島	岐阜
	④	北海道	富山	北海道	岐阜	島根
	⑤	福井	北海道	岐阜	長野	長野
上位5県のシェア		49.4%	51.5%	43.8%	41.9%	41.0%

出所：図4と同じ.

う特徴もあります。そして五番目が、こうした「田園回帰」――一般的にはIターンをイメージしますが、それが地元出身の方々のUターンにつながるという傾向です。この点は、是非強調したいと思います。なぜなら、地元から「移住者ばかりを優遇している」という批判を受ける地方自治体の一部の職員は、移住政策に彼ら自身も充分納得できていないという現実もあるからです。しかし、移住者を迎え入れることで、地元の子どもが戻ってくる契機となる可能性が高まるという現実がある。これは、地域にとって重要だと思います。

しかし、少数事例のみをハイライトして、「日本社会は変わった」と言うわけにはいきません。そのトレンドの量的把握が重要となります。そこで、毎日新聞と明治大学の私どもの研究室とで共同調査を行いました（**図4**、**表3**）。二〇一三年度の全国の移住者数は、市町村や県が直接にかかわり、把握した件数で、約八〇〇〇名（県内移動は含まず）。沖縄はゼロですが、これは行政が仲介しなくとも移住者が入るからで、全国的にも、実数はこの何倍かはあると思います。そして、その傾向ですが、グラフのとおり四年間で二・九倍です。もし次の四年間も三倍、さらに次の四年間も三倍となれば、数万人の規模になります。一極集中と言われる東京圏への純流入者数が年間一一万人ですから、この数字は評価できる数字です。もちろん、このまま三倍、三倍となるとは思いませんが、そういう規模と傾向であることを確認したいと思います。

田園回帰のハードル

この調査で、もうひとつ明らかになったのは地域差です。鳥取、岡山、岐阜、島根、長野といった県が上位で、この上位五県で全移住者の四一%を占めています。残る六割の移住者を他の四〇道府県がシェアしている(東京都と大阪府は調査対象外)。このような偏りがあることも明らかになっています。このことも含めて、「田園回帰」の抱える課題について見ておきましょう。

当然のことながら、移住は容易なことではなく、いくつもの困難、ハードルがあります。その入り口において、しばしば言われる「三つのハードル」とは、「コミュニティ」「住宅」「仕事」。つまり「ムラはいつまでも閉鎖的だ」「空き家など絶対流動化するはずがない」「仕事がないから人など来ない」――いずれも行政職員の言葉ですが、このような課題があります。

しかし、これらのハードルは変化しつつあります。まず、若者たちの中には、農山村の濃密な「コミュニティ」を、「うっとうしいムラ」ではなく「温かいムラ」と認識する人が生まれています。他方で農山村の住民も、比較的高齢な人々を含めて、いまや大多数が、農林業以外の兼業の経験があり、多くの方が地域外とのネットワークももっています。決して、完全な閉鎖社会ではありません。

緑のふるさと協力隊は，農山村活動や環境教育を行う特定非営利活動法人・地球緑化センターが 1994 年からスタートした制度で，隊員を募集・派遣，地方自治体が受け入れ窓口となる．住居や車，生活費が自治体から支給されるほかは無給の地域貢献活動．
地域おこし協力隊は，都市から過疎地域等の条件不利地域に住民票を移動し，地方自治体の臨時・嘱託職員として農林漁業支援・住民支援などに最長 3 年，従事する．2009 年に総務省が制度化．地方自治体への財政支援(隊員報償費・活動費)，終了後の起業支援もある．

「住宅」については、行政による「空き家バンク」がおしなべて不振である一方、広島県三次市青河地区のように、住民主導で空き家対策に取り組み、空き家の流動化を実現する動きが始まっており、着目されます。

そして、「仕事」にも、先の「ナリワイ」という動きが出てきました。それを実践している伊藤洋志さんの言葉をお借りすれば、これは、「大掛かりな仕掛けを使わずに、生活の中から仕事を生み出し、仕事の中から生活を充実させていく」暮らし方で、外形的には「多業化」と言えます。例えば、兵庫県朝来《あさご》市の地域おこし協力隊の吉原剛史さんは、やはり「ナリワイ」という言葉を使い、狩猟・農業・宿泊業・観光業・イベント興行の五つの仕事を寄せ集め、「ナリワイ」にすると具体的な目標を掲げて、地域に入っています。これらの仕事を、地域おこし協力隊の三年間で一つ一つ積み上げていくというのが彼の戦略です。つまり、一つのフルタイムの仕事で暮らすという選択だけが、地域での生き方でなくなっている。こうした多業化で仕事を確保する、新しい可能性が出てきている。

従来の「三つのハードル」は、確かにいまだにハードルですが、その困難はこのように徐々に減り始めています。しかし、一方で新たな課題も登場しており、今は、むしろこちらこそが問題です。

そのひとつは、移住者と地域の「マッチング」です。地域おこし協力隊のアンケート結果(二〇一三年八月)を見ると、応募理由の回答の上位一〇項目は実に多様でかつ分散的です。強いてまとめれば「地域貢献派」「地域定住派」「自分探し派」という複数の傾向が見られます。しかし、他方で地域社会も多様化していますから、多様化と多様化がぶつかり合って、現在の農山漁村移住には相互のミスマッチの可能性が高まっていると考えてよい。

それを意識して、新潟県十日町市では、地域おこし協力隊を採用する場合、その集落がまずプレゼンテーションをします。協力隊のほうもプレゼンテーションし、お互いが〇印を付けた組み合わせで、協力隊を採用しています。和歌山県那智勝浦町色川地区では、移住希望者に四泊五日の「移住体験」の機会をつくり、地域内の一五軒の家を訪ねてもらう。一五軒のリストは、農業志向が強い応募者であれば農業者に多く会ってもらう、というふうにオーダーメイドでアレンジし、移住希望家族と地域の人々との出会いの機会を作り出しています。これらの取り組みを見ても「解決策は地域にあり」と感じますが、こうした工夫をすることが各地で求められています。

二つ目の新たな課題は、ライフステージに応じた支援です。一~三年目を移住期、四~九年目を定住期、一〇年以後を永住期、と分けるとすると、行政の関心は移住期段階に集中しすぎています。しかし移住者自身の強い関心は、例えば、地域おこし協力隊の期間終了後、定住期段階で、先ほどの「多業化」を含めて、仕事をどう起こしていくのか、という点です。さらに永住期段階では、子どもの教育費、とりわけ大学進学時の教育費が問題となってきます。移住支援には、そういったライフステージを意識した「家族目線」が必要です。本書の後半に登場するする島根県邑南《おおなん》町の横洲竜さんは、移住コーディネーターとして、まさにそうした目線を持ち、移住者を徹底的にサポートしています。

田園回帰の本質

それでは、こうした課題があるものの、なぜ一部の限られた地域に移住者が集中するのでしょうか。この問いに答えをくれたのも、先にも触れた那智勝浦町色川地区の実践です。自らも移住者である地域リーダーの原和男さんは、次のように言います。

「若者が本当にその地域を好きになったら、仕事は自分で探し、作り出す。その地域にとって、まずは地域を磨き、魅力的にすることが重要だ。(行政や地域は)仕事がないと言う前にやるべきことがあるのではないか」

つまり、みがかれた地域に人が集まる。ならば、地域が今なすべきことは「地域みがき」ではないでしょうか。人口減少下でも、地域をみがき、人々が輝き、外の人を呼び込むだけではなく、地域の中の人が「ここに残る」と決める選択も含め、選択される地域を作るということです。この点にかかわり、十数年前に、早稲田大学の宮口侗廸《としみち》先生は『地域を活かす』(大明堂、一九九八年)という著書で、次のように述べています。

「「山村とは、非常に少ない数の人間が広大な空間を面倒みている地域社会である」という発想を出発点に置き、少ない数の人間が山村空間をどのように使えば、そこに次の世代にも支持される暮らしが生みだし得るのかを、追求するしかない」

このように、たとえ人口は少なくても、「次の世代に支持される」ような地域の人々の前向きの営みが「田園回帰」を生むのではないでしょうか。そこには、「働き盛りの世代が輝く場」「高齢化世代が安心できる場」「子どもたちが戻ってくる場」、そして「地域の外にとってあこがれの場」という四つの地域みがきの課題があります。これらは、従来から農山村で内発的に取り組まれている地域づくりであり、今その深化が求められているのだと言えます。

このような地域みがきに呼応してIターンやUターンをする人々が、「ヨソモノ」としてその地域に一層のみがきをかけることは、従来からも指摘されていました。つまり、田園回帰と地域みがきの好循環が生まれつつあるのです。「地域みがきなきところに田園回帰なし」「田園回帰なきところに地域みがきなし」という関係です。先述した田園回帰の地域的偏在は、このような、「好循環が始まった地域」と「その循環に至っていない地域」の差の表れであるとも言えます。

地方創生策とは本来、こうした好循環の促進を意味します。そのためには、やはり現場の地道な地域みがきから始めなくてはいけない。それは、地方自治体の交付金の獲得だけが目的の地方創生や、地域みがきの取り組みをせず人口の呼び込みだけを意識する地方創生とは、かけ離れたものです。

こうした視点から、あらためて「田園回帰」とは何かを考えてみましょう。言うまでもなく、第一には、人口の逆流現象を示しています。欧米では、カウンターアーバニゼーション（逆都市化）という言葉が使われていますが、一九七〇年代のオイルショック以降、既に先進国の人口は農村部に逆流し始めていました。その典型はイギリスのイングランドで、ある程度の年齢、例えば三〇代になったら、田園風景の美しい農村に移動するのです。この動きは現在も続いています。日本でいま起きている「田園回帰」は、四〇年遅れのカウンターアーバニゼーションの顕在化と理解することもできます。

そして、先ほど強調したように、これは単なる人口の逆流ではなく、地域づくりとリンクするものです。その点で、第二に、田園回帰とは、農山村再生に今や欠かせない要素だと言えます。

しかし第三に、田園回帰は、そのような地域再生の問題にとどまらず、都市と農山村の共生も含意していると思います。そもそも、農山村の地域再生は都市との共生が不可欠ですが、加えて、田園回帰の動きにおいては、都市と農村のあいだに壁や境界を感じない、新しい意識を持った若者が担い手となっています。本書の後半で登場する茨城県常陸太田《ひたちおおた》市の長島由佳さんは、まさにそれを体現されています。

そこでは、都市を含めた脱成長（デグロース Degrowth）も意識されています。都市の今後の形について昨今語られている「コンパクトシティ」は、イギリスやドイツで一般化された概念ですが、そこには成長という含意はほとんどありません。むしろ、都市を脱成長のためにコンパクト化することが意識されています。「コンパクトシティにより成長のエンジンを作る」という、政府の経済再生本部や経団連（日本経済団体連合会）の考え方は非常に日本的な発想と思われます。そうではなく――つまり「都市も農村も成長を」ではなく、互いが支え合う持続的な社会の創造のための象徴的な動きとして、この田園回帰があるように思います。田園回帰とはここまでに述べてきた三つの意味を持つ動きとして理解できるのです。

二〇二〇年東京オリンピック・パラリンピックを契機に、世界都市・TOKYOを中心とする成長追求型都市社会を目指すのか、そうではなく、脱成長型の都市・農村共生社会を創造していくのか、私たちの社会は、大きな岐路に差し掛かっているように思えます。そのような岐路の中で、農山漁村に移住し、地域づくりにかかわり、そして都市と農村の共生に向かって、行動する若者を中心にした人々のムーブメントが田園回帰です。そうだとすれば、私は冒頭に触れた「希望の移行期」を、この田園回帰にこそ見出したいと思います。

3　農山村と人が多様につながる

——田園回帰の諸相

大江正章

元気な「消滅可能性市町村」

初めに「人間というのは人口ではない」。これが大前提です。財政学者の神野直彦先生は、〝人口増加を政策目標として据えるということは、人を手段として見ることに他ならない。大事なのは人口増ではなくて、人間が人間らしく幸せに豊かに生きていくことができるかどうかだ〟とおっしゃっています。まったく同感です。

「増田レポート」が「消滅可能性市町村」リストで全国一位と名指しした群馬県南牧《なんもく》村は、上信電鉄の下仁田から車でわずか一五分、かつては現金収入依存型のこんにゃく農業で栄え、その後人口が急減した地域です。「増田レポート」によれば、この村は二〇四〇年には若年（二〇～三九歳）女性人口が一〇人になる、という。レポート発表直後の二〇一四年六月、私は南牧村を訪ね、「消滅可能性」ではなく、「未来を拓《ひら》く可能性」を目にしました。

大江正章さん

たしかに南牧村は、高齢化率が日本でもっとも高く、年少人口率(一四歳以下)が日本でもっとも低い市町村として知られています。でも、地元に残った数少ない三〇代、四〇代の自営業者たち——ガス設備業、和菓子店、理髪店など——が中心になって、二〇一〇年に「南牧山村暮らし支援協議会」を発足させていました。彼らが村の全空き家を調査したところ、約一〇〇戸が即入居可能な状態だと判明。そこで、その情報を村役場のホームページに掲げて、情報発信をしていったところ、四年間で二〇代から六〇代まで、小学生も含めて一四世帯二六人が移住してきたのです。移住者たちの言葉をかいつまんで紹介しましょう。

「景色に一目ぼれです。この家の裏には段々畑があり、石垣が残っている。ここで農作業できる、歴史の中に自分が入り込めると思ったら、うれしくって」

これは横浜出身の三〇代男性です。いくつかの地域で有機農業を学んだのち、南牧村に定住し、五〇アールの畑と古民家を借りました。家賃は三万五〇〇〇円、月額ではなくて年額です。急峻な畑で、一〇品目程度の野菜を作り、出荷しています。農薬や化学肥料は使いません。南牧村ではかつて、ヤギを多く飼っていました。その伝統を復活させ、ヤギ糞と緑肥などで堆肥をつくり、畑に使っています。車で三〇分ほどの富岡市のこんにゃく農家でアルバイトもして、現金収入を得ている。それらを組み合わせて、生活を成り立たせています。

「緑のふるさと協力隊」(二二頁コラム参照)に応募して南牧村に来た二〇代男性は、こう言いました。

「都会にしかないものは何もない。でも、田舎にしかないものはたくさんあるじゃないですか。夏は毎週川遊びをして、魚を獲ってバーベキューをしています。ここで働いている人たちはみんな笑顔がある。僕はここが不便とは思いません」

協力隊の任期終了後も村に残りたいと考え、周りにそう言っているうちに話をつないでもらい、現在は社会福祉協議会で働いています。

埼玉県の例も紹介しましょう。県内の「消滅可能性市町村」ランキングの第二位が、人口約三万一〇〇〇人の小川町です。小川町は有機農業で全国的に有名で、約一五〇人の有機農業者を育てた金子美登《よしのり》さんに学んだ若者たちなどが多く定住。今では彼ら自身が次世代を育てています。町役場で把握している数字では、新規就農者の七割が有機農業者です。私たちが行った調査では、「半農半X」(兼業農家)を含めて、五〇人以上が移り住んでいます。

小川町有機農業生産グループの九割はIターン者で、彼らはすでに地域づくりに欠かせない担い手です。小規模な直売所をいくつも開設し、地元スーパーの有機野菜コーナーも担当しています。スーパーへの出荷メンバーは二六戸で、そこだけで年間一五〇万円程度の収入を上げる人もいるほどです。秋の「小川町オーガニックフェス」の中核的存在でもあります。

また、小川町には三軒の造り酒屋があり、一軒は一九八〇年代後半から金子さんの有機米を、もう一軒は二〇一一年から若いIターン農業者の有機米を使って、純米酒を誕生させました。大豆はお豆腐屋さんと、小麦は製麺所と、さらに味噌や醤油など、近隣地域も含めて中小規模の地場産業と有機農業の連携が多様に進んでいます。これらはすべて、農協(JA)や行政の支援はまったく受けずに行われてきました。継続のポイントは、農家が再生産できる価格で買い上げていることです。

「田舎の田舎」にIターン者が増える

「田園回帰最前線」の島根県では、二〇〇五年と一三年を比べると、一一の町村のうち五つで県外からの転入数が増えています。増加数が最大なのは、六日市町と柿木村が合併してできた吉賀町です。旧柿木村は、藤山さんの言葉を借りれば「田舎の田舎」。一九七〇年代半ばから、行政が中心となって、有機農業の村づくりを進めてきました。当時の若者たちが、「自給を優先した食べ物づくりこそが山村の豊かさ」と提案し、後に「健康と有機農業の里づくり」を村の総合振興計画(基本構想)の柱としたのです。

現在は、金銭的支援を含め、さまざまな自治体がIターン者誘致を進めています。一方、吉賀町では、そうした支援は、まったくしていません。しかし、人が集まる。人口約一四〇〇人のうち五%程度をIターンが占めています。秘訣は、小田切さんの言う「地域の魅力」です。役場には「吉賀暮らし相談員」というポストがあり、担当者もIターン者です。移住四年目の三〇代の男性は、こう語りました。

「ど田舎に行きたかった。大事なのは地域内循環。オシャレに粋がってみたい。エネルギーや肥料は人力と動物で賄える範囲にしたい。自給中心の世の中が環境問題を解決すると思う。同時に、集落の景観維持や担い手になることも考えています」

また、移住七年目の三〇代女性は、「畑でできているもので自分のからだが構成されているのは、けっこうすごい」と言う。彼女自身の食料自給率は八〇%。村の生産グループに加入し、その仲間に声をかけてもらうのがとてもいいと話していました。

彼らは、決して特別な人たちではありません。広井さんの言葉を借りるなら、旧柿木村は「環境効率性」が非常に高い。人手を使って自然資源の消費を抑えるという点で、南牧村の若い有機農業者とも共通する働き方であり、暮らし方です。

旧柿木村で「ゆうきびと」というNPO法人を主宰する福原圧史さんは、役場職員として長く村の有機農業運動をリードしてきました。彼は、「変わり者ほどいい」と言い、「意識変革の面でIターン者に期待している」そうです。「たとえば、隣の津和野に来る観光客が、どうやったら柿木にまで足を延ばしてくれるか、Iターン者と一緒に知恵を磨きたい」

そして、「専業農家をつくらないことが定住対策だ」という言葉には、非常に含蓄があります。「自給プラスアルファの農家は、昨今の米価値下がりの影響を受けません。小さい農業だから安定しています。こうした山村では、農家は投資しないほうがいい」とも語っている。これらの指摘は、自治体職員や農林水産省の方々に、ぜひ注目していただきたい。

広井さんが紹介した岐阜県の石徹白にも触れましょう。ここは本当の山村だと思いました。長良川鉄道の終点・北濃から一日三本しかないバスで約三〇分、標高は七〇〇〜八〇〇メートルです。一二月初めに行った時、郡上八幡はほとんど雪がないのに、六〇〜七〇センチも積もっていました。人口が急減し、一時は小学校の存続が危ぶまれた地域です。

しかし現在は、小水力発電で活気づいています。八〇〇ワットと二・二キロワットですから、「マイクロ水力」と言ったほうがいいくらいの小規模ですが、その意味は大きい。たとえばNP

O事務所の電力をほぼまかない、休眠していた食品加工施設が復活しました。特産品のトウモロコシを利用した加工品を製造・販売し、油と塩を使わない野菜チップスの商品化も進めています。

活動の中心は、以前は東京のコンサルティング会社に勤務していた岐阜市出身のJターン者です。彼のパートナーは、アトピー性疾患で着られる服が少なく、同じ悩みをもつ人たちが着られるオーガニックコットンや麻を素材とした服づくりを学んで、季節限定の洋品店を開きました。先輩Iターン者や地元住民とカフェも開業し、急増している視察者に食事と飲みものを出しています。そして二〇一四年、ほぼ全戸出資で、石徹白農業用水農業協同組合という専門農協が設立されました。今度はマイクロではなく、一一四キロワットと経済的にも成り立つ規模です。

こうして人口減少に歯止めがかかり、二〇一一年と一四年は増えました。二〇〇八〜一四年の六年間で、子育て世帯が八世帯二二人移住。仕事は、農業、介護、建設業、スキー場、地域おこし協力隊とさまざまです。二〇一五年には四人の子どもが生まれました。

NPO主体の地域づくり

東北の例もお話しします。東日本大震災で甚大な影響を受けた福島県の旧東和町は、福島第一原発から約五〇キロに位置する中山間地域です。二〇〇五年に二本松市に合併される際、地域が辺境部として行政から見捨てられるという危機感を持ち、農業者を中心に「ゆうきの里東和ふるさとづくり協議会」(のちにNPO)を結成します。東和はかつて養蚕で栄えました。NPOのメンバーたちは、桑の葉に血糖値を下げる効果があることを研究者の力を借りて発見して、パウダーやお茶、ジャムなどの特産品を開発し、道の駅の運営も受託しています。

東和へのIターン者は二〇一五年現在、約四〇名です。東日本大震災の四日後に移住してきた男性は、「地域の方が温かく迎えてくれる雰囲気でした。決め手は人です」と言いました。Iターン者では初めて平飼いで鶏を飼い、エサはほぼ一〇〇%地域自給。卵を一個六〇円で販売し、「買うのは調味料とアルコールぐらい」「今の暮らしは一〇〇点に近い」そうです。

このNPOの設立宣言では、「君の自立、ぼくの自立がふるさとの自立」と謳《うた》っています。自分の周囲に頼りあえる複数のネットワークをつくっていくことが、本来の意味での自立ではないでしょうか。NPOは、そうした「暮らしのセーフティネット」を農村部につくりだし、「もう一つの役場」「新しい公共」を担っていると言えます。夫婦で農林水産省のキャリア官僚だった四〇代の男性は移住一〇年目で、有機農産物の出荷組織を新設するなど、地域の若いリーダーです。「新規就農者を引っ張り、彼らがネットワークの網からこぼれないようにしていきたい」と、「ぼくの自立がふるさとの自立」を実践しています。

もちろん、すべてのIターン者が成功しているわけではありません。農業収入をみれば、年収二〇〇万円以下が大半でしょう。でも、NPOの複数のリーダーたちが彼らにアルバイトを世話し、暮らしの支援も気にかけています。だから、地域になじめず、離れるIターン者は、ほとんどいません。

価値観の変化と豊かさの再定義

東京の小さな人文系大学の取り組みと卒業生についても紹介させてください。多摩市にある恵泉女学園大学では、「生活園芸」という学科が必修です。有機ＪＡＳ認定を受けた農場で、キュウリやジャガイモなど約一〇種類の野菜や花を栽培します。農業者の養成が目的ではありません。農業体験や自然を慈しむことを人間形成のうえで重視する、教育理念によるものです。また、「長期フィールド・スタディ」というプログラムがあり、タイに五カ月留学できるほか、主にアジア諸国を二週間ほど訪ねる「短期フィールド・スタディ」もあります。

二〇一五年五月の受験生向けオープンキャンパスで、僕は三人のＯＧと一緒にパネルディスカッションに呼ばれましたが、三人ともこう語りました。

「この学校で自分の生き方が変わりました」

茨城県出身の女性はタイ留学を経て卒業後、地域おこし協力隊に応募して島根県美郷《みさと》町で二年間、直売所の設置と運営に携わりました。非常に手ごたえを感じて茨城に戻り、現在は稲敷《いなしき》市の地域おこし協力隊員です。今度は定住して、地域づくりを仕事にしていきたいと考えています。印象的だったのは、「毎日が生きているという実感がある」という言葉です。

東京都青梅市出身の女性はタイ留学後「農業で生きていこう」と決め、卒業してからアジア学院で有機農業を学びました。その後、岐阜県でパートナーと新規就農。六〇アールの畑で約五〇種類の野菜を作り、会員制の消費者に届けています。地域の子どもたちが学ぶ農場にもなっているそうです。彼女は納得した栽培方法で、納得した収入を得て、納得して生きています。

「私は、食べ物は商品ではないと思います。顔の見える関係のなかで食べる人に届けていくという今のやり方をずっと続けていきたい」

また、私はアジア太平洋資料センター(Pacific Asia Resource Center、略称PARC)という、設立四二年のNGOの共同代表も務めています。べ平連(ベトナムに平和を!市民連合)で活動した武藤一羊さん、小田実さん、鶴見良行さん、北沢洋子さんたちが、アジア諸国と対等・平等な関係を結ぼうと設立した市民団体です。

一九八〇年代前半からは、公教育では教えない本物の知識・知恵やまっとうに生きるための技を伝える「自由学校」を、東京都千代田区で行ってきました。毎年約二五の講座を、「社会の学校」「世界の学校」「環境・暮らしの学校」などに分けて開講し、広井さんも小田切さんも講師のおひとりです。私は一九九〇年代後半からかかわり、生き方を変えていくようなテーマを意識的に取り上げてきました。二〇一五年は「なりわい——職の多様性をはぐくみ、生き方をデザインしよう」とか「脱・東京という選択」というクラスもあります。

一〇年近く人気を集めているのが「東京で農業!」。東京都練馬区で低農薬の野菜作りをプロの百姓から学びます。このほか農や環境問題を考え、実践するクラスからはほぼ毎年、Iターン・Uターン者が出ています。「どうする日本の食と農」などのクラスでは、私が仲間と借りている茨城県・八郷《やさと》(現・石岡市)の田んぼも訪れ、農作業をしてきました。

八郷は日本で唯一、農協(JAやさと)による有機農業にしぼった研修制度(二年間)があります。一九九九年に開始して以来、一五組のうち一四組が八郷で就農し、生計を立てています。先生は地元の有機農業者たちで、技術と販路の双方をJAが支援・保証するのが、成功の秘訣です。

「どうする日本の食と農」に参加した元サラリーマンの夫婦は、田んぼで田植えをしながら風景を見て、「ここに住みたいとビビッと思った」そうです。翌年に移住、二年間の研修を終えて就農し、「農業に転身して本当に良かった」と話しています。

こうしたケースを見ると、広井さんや小田切さんがおっしゃるように、「経済成長は問題を解決してくれない」ということがよく分かります。それは、すでに多くの日本人が実感していることでしょう。内閣府の世論調査を見ても、「生活全般に満足している」という回答のピークは一九八四年で、以後ほぼ一貫して低下しているのですから。一人あたりＧＤＰは増えても、日本人は幸せとは感じていません。そして、東日本大震災と原発事故によって、生き方や人生について、たくさんの人たちが改めて考えさせられました。若者たちの「田園回帰」は、その表れにほかなりません。

ペルシャ語で、「貧しい」ことを「ビ・カス」と言うそうです。「ｂｉ：ビ」が「ない」、「ｋａｓ：カス」が「関係」です。つまり、「人間関係を失っている状態」が、ペルシャ語の「貧しさ」です。農山村地域では、多くの若い移住者たちが「放っておかれないから、うれしい」「田舎は温かい」と言います。この二つはみごとに重なっている。

「豊かさ」と「貧しさ」の再定義が必要です。物質的な豊かさから、関係性の豊かさへ。公正で環境を守り育てる社会の実現によって誰もが幸せに生きられる地域を創り出していく営みとしての「田園回帰」の流れを、より太くしていきましょう。

島根県邑南町の田園風景

4　田園回帰のススメ
――実践者たちのメッセージ

パネルディスカッションの際に報告者たちに出された三つの質問「何が農村に人をひきつけるか」「循環型社会のつくりかた」「都市と農村の共生のためには」へのそれぞれの回答を報告末尾に添えました

■「得意」を持ち寄って暮らす

長島由佳
（ながしま・ゆか　合同会社 PotLuckField 里美代表）

合同会社の立ち上げ

茨城県は「魅力度最下位」とまで言われるのですが、豊かな地域です。県民一人あたりの所得の順位は上から四位くらいです（内閣府経済社会総合研究所による二〇一二年度県民経済計算で四位。東京、愛知、静岡に次ぐ）。その茨城県の、福島との県境にある常陸太田市は人口およそ五万人くらい、そのさらに一番北の地域、里美地区というところに住んでいます。実家は神奈川ですが、五年前に地域おこし協力隊としてこの地区の担当で入りました。

里美地区は、いま人口が三二〇〇人ぐらいですが、五年前は三七〇〇人くらいでした。年間一〇〇人ぐらいずつ減っていて、毎日、救急車の音が聞こえると「今日は誰が……」と気になるような、小さな村です。私のいる町会は九六人というさらに小さな町会なので、協力隊の終了後に今の家に引っ越してきた時には、「九六人が九七人に増えた」「二九世帯が三〇世帯の町会になった」と喜んでもらって、今もそのことに感謝しています。

どうやって暮らしているかといいますと、「里美という場所」が軸になっています。「ここで暮らして仕事をしていく」ことが今のスタイルであり、「今後の夢」でもあります。

まず、三年間の協力隊の終了後は、常陸太田の観光物産協会で民泊の推進コーディネーターとして週四日働いています。そこでベーシックインカムを得つつ、残りの時間で、協力隊の頃には事業化できなかったことを続けています。そのいろいろな事業を行う受け皿を、まずは作ろうと、二〇一五年三月に「合同会社ポットラックフィールド里美」を設立しました。

長島由佳さん

協力隊で活動していた三年間は、清泉女子大学地球市民学科の卒業生という仲間でチームを組んでいました。地球市民学科は、里美でのフィールドワークを一〇年ぐらい続けていて、大学としての地域貢献をという話になったときに卒業生に声がかかって、私たちが選考で選ばれて入ったという経緯です。同じ時期の地域おこし協力隊は全国に二五〇人くらいで、農業や林業などの専門分野でガッツリ稼ぐ活動が多かったのですが、とくに専門分野がなかった私たちは、むしろ地域のニーズに合わせた地域おこしをやっていこうと決めたのです。

最終目的は、地域の持続的な維持です。私たちの場合は、「里美の持続的維持」です、そのためには、地域の誇りを呼び戻すことから始めました。地域に向き合うことで、住民自身が地域の真の価値や可能性に気づき、地域住民の手での地域づくりが、意識的に主体的に進めば、地域は次世代に引き継がれていく、と自分たちで仮説を立てたのです。

協力隊の経験

協力隊の三年の間は、行政と地域住民の真ん中ぐらいの立ち位置だったかな、と思いますが、いま目指すのは、地域住民だけれど、内部の人間になりきることも難しいので、外部者の視点を生かした地域貢献です。一例としては、みんなが「里美の水おいしいよね」と言う。じゃあその誇りを可視化して共有しようということで、アイスコーヒーという地域資源商品にする。協力隊の活動終了後も自立的な取り組みが続くように、そのきっかけづくりを目指しました。

食の取り組みも、食と一口で言ってもたくさんの仕組みが必要です。訪れる人が里美の食文化に出会うツアーを組む。中心になる特産品はないけれど、多品種の産品を活かして、その地域の食べ方と一緒に売ろう、とレシピ集を作る。里美の家庭料理が食べられるレストランを開く。というふうに、出会う、買う、食べるという三つをうまくつなげる仕組みにしていこう、と。これは現在も続いている活動です。

私は里美の家庭料理の写真をいろいろな方に見せて、「これにいくら出しますか」と聞いています。ちなみに先ほど会場の方にお尋ねしたところ、三五〇〇円とおっしゃいました。メニューを作ったお母さんたちに「いくらで売ります？」と聞いたら「七五〇円でしょ」と答えが返ってきて、それからが私のスタートでした。いま二五〇〇円で提供していますが、七五〇円と思っているものを二五〇〇円で提供する自信をどう持ってもらうか、これが私の活動の要です。三年くらいかけて準備し、期間限定のレストランを開いて小さな成功体験を積んでいく、という形で協力隊がお母さんたちに伴走しました。これをきちんと事業化しようと、改めて取り組んでいます。

私は数年、旅行会社に勤めていましたが、神奈川の実家と東京の職場の往復で月～金に働き、休みの土日で関心のあることを、というふうに、「仕事の自分」と「プライベートの自分」が分かれている状態でした。里美に移住してからは、私の暮らしの中にカタカナの「シゴト」が入ってきました。このカタカナの「シゴト」とは、稼ぎにならないけれど地域に必要な仕事のことです。ごみ当番とか、お祭りもそうです。構成員としてやらなきゃいけないし、やらなきゃ「あいつはなんだ」となる。「暮らし」と「仕事」と「シゴト」の重なる部分が大きくなっていって、暮らしの付き合いでおばあちゃんからいただいた漬け物がおいしかった、じゃあ商品化してみよう、と仕事につながる。逆もあって、仕事の延長線上に暮らしがあったりする。このライフスタイルが、私にはとても合っていたようで、今も里美に住んでいます。なかなかお金にはなりにくい部分の「シゴト」をいかに稼ぎにできるか、このライフスタイルから生まれる仕事でいかに稼ぎを生み出していくか、というところが、今の私のチャレンジです。

「水の人」になる

こうやって住んでいても、「どうせ帰っちゃうんでしょ」とか「いつ居なくなるの?」と、愛情をこめて言ってくださる方もいます。やっぱりその土地の「土の人」にはなり切れないし、かといって、すごく愛着があるので通り過ぎる「風の人」にもなり切れない。一緒に会社を作った地域の仲間とは、「どこからともなく流れてきて、行き着いた里美という地域にジワジワ染み込んでいく「水の人」という生き方もあるよね」と話しています。地域づくりの仕事と同時に、このライフスタイルを追求することが、自分の幸せにつながっていると感じています。

さきほどのアイスコーヒーですが、「里美珈琲・一リットル一〇〇〇円」で売っています。売り上げの一五〇円を『ツタエル・マナブ・ハグクム』の活動を行う「里美の水プロジェクト」の資金源にしていました。啓発活動と営利活動を同じプロジェクト内でやると、メンバーの負担が大きいので販売は会社に任せ、一五〇円をプロジェクトに寄付するかたちで続いています。

そのほか、地域活性化センターの事業に採用されて一五〇万円の補助金をいただいているのが、五〇年前に廃業した酒蔵のリノベーションです。地域のコミュニティステーションとしてよみがえらせよう、というワークショップ形式を取り入れたプロジェクトで、協力隊の一年目におじちゃんたちとお酒を飲みながら、「あそこはもったいないからどうにかしたいよね」と語り合ったことが、里美五年目にしてやっとかないつつある。協力隊の時から追っていたいろいろな夢を実現させるために、今の体制になってやっと、スタートラインに立てたと感じています。

小さなコミュニティの中で生きてそこにコミットしていくほど、世界観は広がって、奥行きも出てきました。私がこの地域に居るのは、「自分の魂が喜ぶ仕事」と、誰のために働いているのか、どう暮らしをしていくのかということの「手の中におさまる暮らし」とが、両立できるから。広井先生のお話にあった「幸福度調査」も、いま里美で試みています。

合同会社名の「ポットラック」は「持ち寄る」という意味です。地域の人たちにそれぞれの得意を持ち寄ってもらって、この会社を通じていろいろなフィールドで活躍してもらう。その受け皿となるような会社になりたい、という思いで活動しています。フィールドのほうは、「現場」と、それに加えて「得意分野」という意味もあります。地域の内と外の一人一人が得意分野を持ち寄って、会社というフィールドを通して力を発揮してもらうということなんです。里美に住んでいて幸せなので、Luckの頭文字を大文字にしています。将来的には、里美全体を学びのフィールドとする教育事業に柱を置いた、「地球市民を育む村、里美」になったらいいなと考えているので、地域内外の人にいろいろなお手伝いいただいて、みんなで作っていく会社にしたいなという思いがあるんです。

■**何が農村に人をひきつけるか――「あんこ」**　地域の和菓子屋さんに、「里美はどんどん人口が減って、頑張ったってどうにもならねえんだ」と言われたとき、つい頭に血が上って「私は里美をどうにかしたいから居るんです！」と返したら「なかなか骨があるな」と、買いに行ったあんこを増量してくれた――こういう地域の温かいやり取りを、若者世代は求めているし、自分自身が地域を好きになり、地域に誇りをもったことで新たなコミュニケーションが生まれる、ということも大きいと思います。

■循環型社会のつくりかた――「ひらめき、受け入れる」　大学生相手の研修で「この山の木はおじいちゃんの代が孫のために植えた」とか、「この築一五〇年の古民家はふすまを取っ払えば結婚式もお葬式もできる」と地域の人に説明を受けた参加者が「今まで自分の世代のことしか考えていなかったな」「昔の人の知恵は持続的な社会をつくっていたんだな」とはっとさせられる。その新鮮な「ひらめき」を受容するキャパシティは、気付きを得る都市部の人々だけでなく、地域にも求められると思う。

■都市と農村の共生のためには――「シゴト」　カタカナの「シゴト」は、お金の「稼ぎ」にならないが「地域に必要な仕事」ですが、それはイコール「地域社会にかかわること」でもあって、都市にも必要な概念だと思います。田舎へ移住というだけでなく、いま住んでいる自治体や町内会などの組織だけでなくボランティアグループや趣味のグループなどといったいろいろな規模の地域社会とのかかわり合いが必要で、その「シゴト」のヒントやかかわり方のヒントが農山村にあると思います。

■まずは、つなぐことから

須田元樹
（すだ・もとき　株式会社山の暮らし舎　代表取締役）

生産者と結ぶ信頼関係

ボクは一二年前、東京で会議食用の弁当を運ぶフリーターで、霞が関にもよく配達しました。食料に関する政策を扱う人たちの会議室に持っていく「しょうが焼き御膳一三〇〇円」の肉は、お湯で温めるだけで焼いていませんでした。そういう弁当を食べて「食」の会議をしていることに違和感がありました。自分が食べているものを、どこの誰が作っているのか、当然知ってていいとボクは思う。そういうリアリティを求めたことが、農山村に向かう最初の動機でした。

いくつかの農村で暮らし、現在は縁あって岡山県北にある小さな地域で、お米のウェブ販売を手がけながら、情報発信や、観光にかかわる公共施設運営の立て直しなど、これまでの経験を活かした事業を手がけています。自宅での業務が多いので、家事と育児と仕事が綯《な》い交ぜになった毎日を、奥さんと過ごしています。

須田元樹さん

今ボクが暮らしている地域の農家さんは、自分のところのお米が旨いと言います。混じりっ気のない、山からの谷水で作ったお米ですから、自信を持ってます。ところが、お米はJAの圏域単位でまとめられ、全て一緒くたにされてしまうんです。味わいではなく、見た目と量で売られていきます。本当にこれで良いのか、と単純に疑問に思う。何とかワタシが間に入って農家さんとお客さんをつなげられないか、と思うんです。とは言え、「生産者の顔の分かる米」だからってデパートに行かないと買えないような高級品にはしたくない。もっと身近な、旅先で出会った土地のお米を家に帰った後も食べ続ける。そういう関係性を、お米なら作れると思っています。

ボクが移り住んだ地域では、良かれと思って提案するアイデアでも、地域でずっと続けてきたことを変える提案であれば、これまでの蓄積を超えるだけの説明なり、信頼なり、何かがないと、トライアンドエラーすら、やらせてもらえません。「地方は閉鎖的だ」とよく耳にしますが、彼らはそうやって暮らしを守ってきたという自負がある。ボク自身、「なんだ、この野郎！」と腹が立つことが幾度となくあっても、やっぱり信頼関係なしに何も出来ない。そのまま何もせず、地域に何も起こらなかったとしても、それが彼らの意思なら仕方がない。当事者として地域に一歩踏み込むこと、そして長い時間寄り添うことが重要です。地域は、楽しいことを実現する場だ、とは必ずしもならないのです。

コミュニケーション最前線

地域の仲間とお酒を飲んでいると、みんなの小学生や中学生の頃の話が出始めることも多く、そうなると、ボクには口を挟む余地がありません。でもボクの息子たちは、そこに入っていけます。「地域に根ざす」には、そういう時間の幅が必要なんです。ボクも黙って眺めているわけにもいきませんから、自分たちの身は自分たちで守る消防団や、有害鳥獣駆除を行う地元猟友会に入って、稼ぎ仕事以外の「地域の役割」、誰かがやらないことには地域の人たちが困ってしまう必要なことを少しずつ担っていく。ボクたち移住一代目はそれでほぼ終わってしまいます。

ボク自身は、これまで全国を転々として来て、いろいろな場所で今も応援してくれる方々に恵まれています。今は家族がいて、子どもが小学校に上がって、ここにたまたま縁があった。ボク自身がアレルギー持ちで、子どもたちはぜんそく持ちです。だから、瀬戸内海の工場群のそばでは、なかなか暮らせない。でも今暮らしているところは空気が澄んでいて、水がキレイで、米も野菜も新鮮で、しかも温泉もある。

冬、裏山に登って下を見下ろすと、音もなく一面真っ白の田んぼを区切るように川が流れ、合間に民家と祠とお墓がある。幻想的で驚くべき風景です。その寒い中で銃を握り締め、シカやイノシシを待ち構えているときの緊張感とあの空気。それが、今暮らしている鏡野の一番の魅力だと思います。子どもたちの遊んでいる姿や笑顔を見ていても、「ここで間違いない」という確信があります。

お米の話に戻ると、これまでは「山間地のお米を食べて農家さんを応援して欲しい」という気持ちでした。でも、買ってくださっているお客さんのほうにもいろいろな方がいて、いろいろな人生の岐路に立っているはずなのです。支払いが三カ月滞るけれど、定期的にはお支払いくださるので、こちらも途切れさせずにお米をお送りしているお客さんがいる。家庭内でさまざまな問題を抱えながらも、「きちんとしたお米くらいは食べて生きていきたい」とおっしゃるお客さんもいます。都市の生活のほんの一瞬、米農家さんの日焼けした笑顔や、懸命に生きているその後ろ姿をお伝えするというボクの位置は、もしかすると、とっても大切なコミュニケーションの最前線なのじゃないか、と思うときがあります。農家さんにもお客さんにも一歩踏み込んで関係性を作る事業を進めていきたいと思っています。

■何が農村に人をひきつけるか――「ユルさ」　本当は家の周りや畦《あぜ》の草刈り、消防団など地域の役割をしっかり義務的に担わないといけません。でもまずは生活を安定させてからでもいいんじゃないか、そんな「ユルさ」も結構大事だと思います。まずは暮らしを立てる稼ぎの「仕事」、そして地域の役目などの「シゴト」も一緒に担う。利害関係抜きの人との付き合いが魅力です。

■循環型社会のつくりかた――「ヌカ（糠）」　精米で出る「ヌカ」は、イノシシの檻《おり》わなの餌付けにも使います。ヌカを買いに来た猟友会の方から、高齢化がすすみ、若手は仕事が忙しくて会員の成り手がいないと聞きました。狩猟はいまや有害鳥獣駆除など自治活動で、「誰かがやらないといけない」と思い、加わりました。偶然にもそれが契機になって若手が増えました。「ボクたちがやらなければ」という意識の高い人たちです。ヌカも意欲も、農山村の循環型社会には不可欠です。

■都市と農村の共生のためには――「暮らし」　お米とお金のやり取りに終わらせず、互いのイノチを預かっているという意識と距離感がなくてはいけないと思います。その際に何を翻訳するかというと、互いの暮らしを見せ合うことかなと思っています。

■移住者視点で田園回帰をサポート

横洲　竜

（よこす・りゅう　島根県邑南町定住促進課、定住支援コーディネーター）

町との偶然の出会い

島根県邑南町役場定住促進課に勤務しています。私は広島の出身で、東京には専門学校時代から一三年間住んで、グラフィックデザインの仕事などをして、いろいろあって広島に戻りました。戻ってみると、広島は子どもの頃にあった町内会もなくなり、ビルばっかりの街になっていました。自分はいつか田舎暮らしをしたいとは思っていたのですが、田舎は農業しか仕事がないのでは、とも勝手に思っていたんです。

そんなとき、婚約中の今のパートナーとのドライブ中、無料になった高速道に乗ろうと一番近い温泉に行ったそこが、たまたま邑南町だったんです。温泉が気に入って何度か通ううち、町役場がそばにあったので、ふらっと無精ひげのまま話を聴きに行ったら、どえらい喜ばれた。「こんど結婚します」という話をしたら――三〇代後半でしたが、一〇歳分くらいは若者扱いをしてくれました。

「接客業をやりたい」と言うと、そういう仕事はなかなかないからということで、紹介されたのが、今の仕事です。最初は半年更新の臨時職員としてスタートして、二〇一〇年八月、婚約者と移住しました。今は子どもも二人目が生まれて、四人家族です。

住まいに関しては、最初は最悪で、まず年度末まで住める県職員住宅に入り、次に空き家に入ったらカビだらけ、湿気もひどかった。数日後に町職員住宅を見つけてもらって移ったりしましたが、新築の町営住宅の抽選に当たって入居しました。所得で家賃は変わりますが、2DK、月二万一〇〇〇円のオール電化です。庭にハーブを植えたりしています。古い車に別れを告げ、念願の中古車も買いました。島根県内では広島に一番近い町なので、いろいろ車で買い物にも行けますし、町にはコンビニやホームセンター、スーパーもあって、そこそこ便利です。「車に鍵をかけましょう」「家に鍵をかけましょう」というテレビCMが流れるような、のどかなところです。町

横洲竜さん

のはずれに滝もあり、夏はここで泳いだりします。「月一〇万あればやっていける」と言われる田舎ですが、若い単身の方は良いかもしれません。ただ、四人家族で手取り一〇万円台で暮らした私も、二〇万以上は欲しいと感じました。電気・水道・下水・食費・携帯・ケーブルテレビ・保育料・住居費、車の任意保険に生命保険・車のローンなど、かかるものはたくさんあるので綱渡り状態では皆嫌だと思います。ですから都会と同じで共働きの方は多くなっていきます。でも子どもが三人いる東京の私の親友は、奥様も仕事をしているのに仕事をしながら休日アルバイトをしている状態なので、こっちにおいでよと誘っています。

仕事の内容は移住相談係ですが、町内の新婚さんを含め、家の住み替え相談などもご案内しています。やっぱり地元が一番大事ですから。町を見に行きたいという連絡が入れば、車で一緒にドライブして、自分の経験を披露しながら町内を回ります。移住者のアフターフォローも、相談で何とかなることであれば対応したいので、「この町の初めての友人」というスタンスで一緒に遊んだりしています。役場が携帯やスマホも用意してくれたので、移住者の方々とは四〇名くらいがＬＩＮＥでつながって、やりとりしています。

町見学に来られた方を案内する時には、来てほしくてつい大げさに良いことを言ってしまわないように、絞り出してでも悪いところも言いますし、少しでも「話と違う」ということがないよう気を付けています。答えに困るような質問をされても、「自分だったらこうするかもしれませんね」というように応答する。とにかくノーとは言わない、イラッとすることを言われても気にせず、「移住を検討してくれてありがとう」と最初から言う。僕も最初は驚きましたが、それぐらいこの地域は皆さん優しいですし、私たちはお待ちしています。自分が町に満足していないとできない仕事です。

同じように、移住者さんにも、田舎暮らしの「得するやり方」があります。文句の多い移住者さんは損をします。毎日幸せを感じて生きないと、もったいないですよね。嫌いな部分とか認められない部分があっても、かかわりを持てば、尊敬できる何かが必ずある。新しく来た者として、「地元の方々は先輩たち」という思いで暮らせば、地元の人間になっていくし、好きになるし、チャンスも増えます。私の経験で言えば、お米や野菜をいただいたらはずかしくても「おいしかった」とか、感謝の気持ちを必ず伝える。ごく普通のことなんです。

「来てくれてありがとう」

移住者へのアフターフォローは、たとえば、みんなで山菜取りをして天ぷらでパーティーをしたり、ピザ釜のあるIターン者さんの家でIターン・Uターン者の会をやったり、タケノコ山を持っておられる方とタケノコ掘りをしたり、という感じです。

あるIターンのご夫婦は、移住後につらいことが重なって、奥さんも本当に悲しい顔をされていたのですが、ある時、旦那さんが「空き家を紹介してほしい」と相談に来られた。そして、そこにカフェをオープンされたんです。その後、待望の赤ちゃんも生まれて、私も本当に感動しました。カフェにはうちの子もふくめ移住者の子どもたちがよく遊びに行きますし、裏の森で栗拾いしたり、みんなでコーヒー焙煎の会をやったりしています。

町が補助金を用意し民間業者で建築・管理する定住住宅ができたので、若い家族がどんどん移住してきています。ネパール出身の旦那様と日本人の奥様、というご家族もいらして、みんなでバーベキューをしました。ニューヨークからも日本人五人家族、ご夫婦とニューヨーク生まれで米国籍も持っている三人の子どもたちが空き家に移住してきました。

邑南町は、「移住ウェルカム」なのですが、町営住宅やアパートがない地域もあります。そういう地域に「空き家購入・農業研修希望」という方がご連絡してこられ、家主さんと僕で地域の方々との調整に入った際、「新しい人が来るのか？ 来るのか！」と、まるで怪しい人間が来るかのような反応もありました。そこでまず僕らが、課長も一緒になって、「こういう方がいらっしゃるんです」と説明に出向き、なんとか安心してもらいました。そうすると、ご本人と会うより先に、もう歓迎会の相談話になっていました。こういう段取りを丁寧にやるかどうか、です。不安やクレームが出たとき、「せっかく来てくれる人を、よそ者扱いするんじゃないよ」と撥ねつけるのではなく、まず地元の人たちを立てて説明に行く。するとすぐ分かっていただけたんです。

移住者数について付け加えますと、僕が定住促進課に就いた二〇一〇年度は、僕と嫁も含めUターン・Iターン者が一三世帯二二名。翌一一年度が二四世帯三〇名。一二年度が二四世帯の四二名。一三年度は三五世帯の五六名、一四年度が三六世帯六三名。そして一五年度は一二月末現在で一一世帯二八名が移住され、ここまでで二〇〇名を超えました。全部を僕が呼び込んだのではなくて、空き家改修やUターン者の住宅増改築の補助金などを経て、アフターフォローしたケースも含みます。大きい町だとなかなか定住率を出しにくいかもしれませんが、小さい町などの方が出たか、残っているか、僕自身もかかわりが多いので把握しやすく、八八％です。一〇〇％に近づけていきたいですね。

■何が農村に人をひきつけるか――「タイムトラベル」 子どもの頃の自然や人とのふれあい、町内会の祭などがあった、「ちょっと昔」に戻りたい、という気持ち。

■循環型社会のつくりかた――「移住者が近所の方を助けた」 移住者さんが来ると、新しいお店ができたり、定年後のご夫婦をご案内したら、娘さんとお孫さんも移住してこられたり、元消防士の移住者さんが地元のおばあちゃんを車で病院に送ったり、町の火葬場に勤める高齢者が仕事を続けられなくなると、移住者さんが担い手になってくれたり。移住促進の仕事をしながら感じるのは、人が増えればいろいろ始まるんじゃないか、という可能性です。

■都市と農村の共生のためには――「人がつなげる」 やっぱり人がいないとことが進まないし、都市との共生にもつながらない。新聞配達さえままならない地域もあるし、移住者受け入れに地域で対応する人が足りず、結局トラブルになったこともある。とにかく、人です。

■コメント　何が都市と農村をつなぐか

沼尾波子
（ぬまお・なみこ　日本大学経済学部教授・財政学）

根を下ろしている実感

三人から、「自分は今生きている」という強いエネルギーがあふれているのを感じます。先日、

沼尾波子さん

勤務している大学の学園祭で卒業生たちと会ったのですが、ヘトヘトになっていました。「会社の歯車になったようだ」「将来結婚できるのか」「子どもなんか育てられない」と、自分を見失ってしまっているかのようで、「転職したほうがいいですかね」と相談もされました。それに対して、今日の三人の話からは、それぞれの地域で腹をくくって、しっかり根を下ろして暮らしている様子が伝わってきました。その土地に骨を埋めるかどうかは分からないけれど、少なくとも今は、その地域のなかで、地域の人としっかり関わりながら、生活を営み、経済活動の一端を担っている。お金の面でも人の面でもいろいろな関係を取り結び、つながりを持つことで、長島さんの言葉でいう「魂が喜ぶこと」をしている。若い人たちが地域に向かう理由は、そんなふうに、自分と地域との間でしっかりした関係性が取り結ばれていくことにあるように思います。

地域の側の「よそ者」を受け入れる覚悟も大切です。横洲さんの話にあった、「よく来てくれたね。ありがとう」という言葉。こんなふうに言って若者を迎えることができる地域が、どれだけあるでしょうか。業務として「移住相談に来たから対応しなきゃ」ではなく、「うちの地域で一緒に生きていくかい？」と、腹をくくって受け入れる姿勢があるかどうかが問われます。

そういう意味では、移り住む側も受け入れる側も、地域を開いていく気持ちになれるかが問われていると思います。若い人たちが地域に入って暮らし、地元の人たちと関わりを持っていけるように、入り口が開かれているか。移住してほしい、若い人に来てほしいと言うけれど、本当に「よそ者」を受け入れる覚悟と制度が地域の中にあるか。受け入れる側の姿勢が問われます。一方で、都会の若者はかなりヘトヘトになっていて、「自分探し」や「居場所探し」で協力隊に応募する人もいるのですが、それでは「君のために地域はあるんじゃないんだよ」と言われても仕方がない。関係の取り結びかたは、双方に問われていくのだろうと思います。

「不確実」に立ち向かうツール

邑南町の移住者交流

農村が人をひきつけている理由の一つは、その「不確実性」にあると思います。効率化して生産性を上げて経済成長するという都市型モデルに比べて、農林業はお天道様次第です。田舎は「納期に確実に仕上げる」「できるだけコストをかけない」という都会の価値観とは別の論理で動いている。深夜に電球が切れても、それを売っているコンビニは近くにない。今あるもので対処するという「不確実」な世界です。特定の「機能」と「役割」を効率的に果たすことで、確実性を目指す都会の世界とは異なり、一人ひとりが知恵と経験のなかで、不確実な自然を相手に、それぞれのペースでできることをやっていくのが農村の世界です。

人間も自然界の一部であって、そのなかで暮らしが回っている。無理をしない。でもしっかりと自然や社会とつながっている、という感覚は、何でも人為的にコントロールして管理することで効率化を図ろうとする都会の感覚とは異なります。その、予測不可能だけれど、関係性だけはしっかり取り結ばれているというところに惹かれて、農村に移り住む人たちが増えているのかなと思います。

ＩＴ化の進展も全く異なっています。地方の高齢者の方々は、スマホもあまりいじらないし、ＬＩＮＥもやらない。コミュニケーションはいまだに生身の感覚で、直接会って話をするとか、せいぜいファックスでお米の注文を受けるくらいです。そこに若い人たちが入っていくと、彼らは逆に直接会って話をするという生のやりとりが苦手だったりする。人の話を聞きながらスマホをいじっていると「スマホ見てんじゃない」とお年寄りに怒られる。

リアルな対話を通じたコミュニケーションとＩＴを活用したそれとの両方を使いこなせると、都市と農村をつなぐことができる。また、農村の魅力を世界に発信するという意味で、ＩＴはとても重要なツールになっていると思います。流通の場面では、役場や農協はＩＴ化しているけれど、身近なやりとりにまでは広がっていない。そこを、地域に入ってきた若い子たちが、たとえば、おばあちゃんたちがつぶやいたことをフェイスブックやツイッターにのせて地域の外に発信していく。そういうことにとても意味があるのだろうと思います。

関係構築の通訳者になる

須田さんのお話のなかで、顔の見えない大ロットの流通で取引している農家さんと消費者の間に自分が入って、小商いをサポートするという話がありました。長島さんも、ランチ(里美御膳)の価値と価格づけについて語っておられました。素材・商品・生産者、そして地域の魅力をパッケージやメニューのデザインを通じて伝え、地元と消費者との関係を取り結ぶ媒介項になる。それでみんなが元気になっていく。商品のデザインや開発、宣伝や流通などのノウハウを持った若い世代が、その魅力を最大限、そとに開いて発信していく。そこから何か新しい可能性が開かれてくると思います。地域が持っている豊かな価値を再認識し、それを「誇り」として地元が取り戻す。そういうきっかけを創る役割も、若い人たちに期待されていると思います。

里美の家庭料理から生まれたメニュー　里美秋御膳

ところが、都市と農村の距離は広がっています。高度成長期に農村から都市に出てきた世代は、都市と農村の両方を知っているけれど、そのジュニアの世代はそうではない。学生と議論しても「東京で払った税金がなぜ田舎に地方交付税や補助金として配られてしまうのか?」と訊《き》かれる。都市と農村とが相互に理解しあう場と関係はずいぶん希薄になっています。経済成長もストップして財源も限られるなかでは、今後の財政配分のあり方が問われていくでしょう。

二〇一四年度に「東京の自治のあり方研究会」が出した

話題は今日の天気から，もう自分は生きていないだろう将来の地域のことまで（写真・岡山県鏡野町，須田元樹）

推計によると、二〇三〇年には、都内二三区のかなりの地域で、徒歩五〜六分圏内に高齢者が八〇〇〜一〇〇〇人になるという。認知症の発症率を二割とすると徒歩五分圏内に一六〇〜二〇〇人の認知症の方がいることになります。そうなった時、都会の暮らしをどう支えあうか。今、国は日本版ＣＣＲＣ（Continuing Care Retirement Community、継続的な介護つきの高齢者居住地域）構想だと言っていますが、地方に高齢者介護の機能だけを移しても、関係構築は難しい。今後は都市でも、農村のように人々の関係のなかで、不確実な状況に立ち向かうスタイルが問い直されていくでしょう。

都市と農村をどう結び直すのかをあらためて考えなくてならない時期に来ています。都市で暮らしていた人が農村に行って、都市と農村の両方の価値、考え方、暮らし方、言語、さらにはＩＴも分かる。経済的な取引も結び直す。居住も含めた関係も構築していく。そういう都市・農村の間で「通訳」となる人たちが、ますます必要になってくるでしょう。この三人のような人たちは、非常に重要な役割を担っていくのではないか。そんなふうに思います。

5　一%の人と仕事を取り戻す

——田園回帰の戦略

藤山　浩

「規模と集中」の時代の終わり

いま私が「二〇一五年危機」と呼んでいる危機が、中山間地域と都市において同時に進行しています。

まず、中山間地域では、この半世紀の間、社会と産業を「主力世代」として支えてきた「昭和ひとけた世代」が二〇一五年に全員八〇代になり、急激な引退局面が訪れています。次世代の定住がすぐにも始まらない限り、集落も農林漁業も、待ったなしで存亡の危機に見舞われることでしょう。

同時に、都市では、二〇一五年に、中山間地域から流れ込んだ最初の世代である「団塊世代」が、全員六五歳以上の高齢者になります。一九七〇年代後半から八〇年代にかけて「団塊世代」が集中的に入居した郊外団地では、現在、爆発的な高齢化が起きています。その高齢化率は、二〇一〇年代後半には中山間地域を確実に上回ることでしょう。

藤山浩さん

中山間地域と都市において同時に発生しているこのような「持続性の危機」は、決して偶然の一致ではありません。ひたすら「規模の経済」を志向して大量の人口を移動させ、集中型の国土を作り上げてきたことの必然的な帰結なのです。団地の整備にしても、短期間に大規模で集中させて行ったために、いま地域一斉高齢化という前代未聞の高いツケを払っています。また、急成長した大量消費文明は、地球温暖化という究極の限界にぶち当たっています。

地域社会も国土も地球全体も、「一周目」の規模拡大路線の限界に直面し、「二周目」以降へと持続する展望が見えない時代状況です。私たちが向かうべき方向は、「市町村消滅論」による切り捨てでも、これまでの成長至上路線の焼き直しや対症療法でもありません。また、これからアジア・アフリカ諸国が、日本と同じような人口の都市集中を推し進めることは、地球環境の容量からも不可能です。私たちは、今一度、バランスのよい都市と農山村の共生を実現し、長続きする地域社会を模索していかなければなりません。私が提唱している「田園回帰」とは、そうした循環型社会を足元から築く「地元の創り直し」を目指しているのです。

私自身は、島根の田舎に「田園回帰」して、日本一の清流・高津川のそばで暮らしながら、子どもを育てています。島根にある、全国で唯一の「中山間地域研究センター」に勤務して一八年目です。このセンターは分野横断、中国地方の五県の県境も横断した、非常にユニークな研究センターです。

「田舎の田舎」で次世代定住増

その島根県は、二〇一〇年代に入って、県内でもいわゆる山間部や離島といった「田舎のなかの田舎」への次世代移住が目立っています。

市町村単位よりもきめの細かい地元単位、つまり小学校区や診療所などの公共サービス単位の生活圏で分析をすると、例えばこの五年間で四歳以下の子どもが増えた地域が、中山間地域全地区の三三・四%、三分の一を超えています。しかも、かなりの山間部や、フェリーで三時間くらいかかる離島の隠岐《おき》など、「田舎の田舎」での増加が目立つのです。

その子どもたちの親世代の動きはもっとはっきりしていて、三〇代女性が増えている地域が四〇・一%と四割を超えています（**図5**）。人口を維持している地域も含めてみれば、むしろ、減っている地域の方が少ないのです。

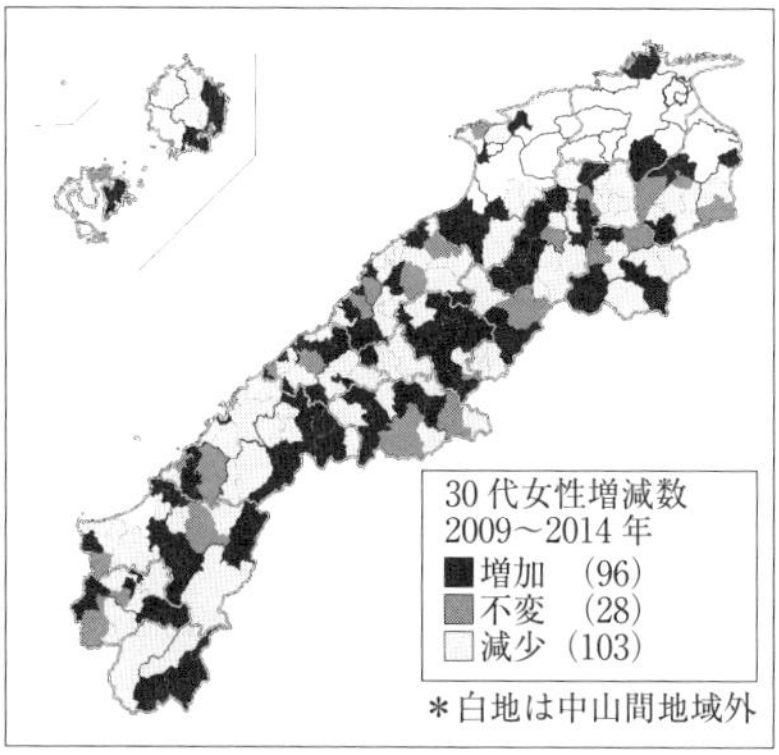

図5　島根県中山間地域における30代女性の増減

「なぜ〝田舎の田舎〟へ？」と思われる方もおられるでしょう。もちろん厳しい状況もあります。家は一軒、また一軒と空き、田んぼも一枚、また一枚と荒れていく。ただ、人手不足ということも含め、逆に考えれば新しい暮らしのためのポジションに空きがある、ということなのです。その意味で「フロンティア」でもあるわけです。首都圏などから積極的にUターン・Iターンする人たちにとってみれば、「都会の経済優先の暮らしから卒業するなら、中途半端な田舎じゃなくて、本格的な田舎に行こう」という積極的な選択にもなる。こうして、現場の状況と移住者の意向がマッチして、「田舎の田舎」への移住が進んでいるのです。

残念ながら、昨年（二〇一四年）から話題となっている「市町村消滅論」からは、このような二〇一〇年代に始まった「最前線」の「田園回帰」の波が見えません。

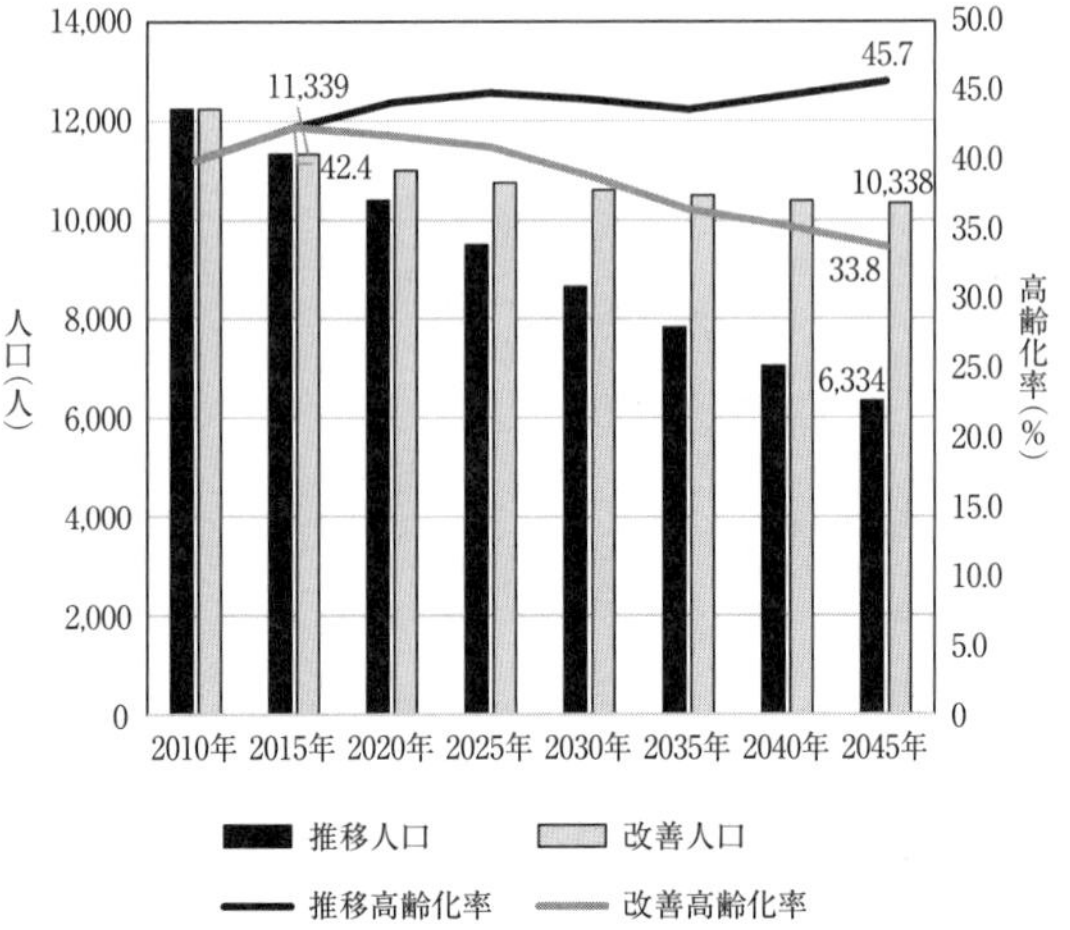

図6　島根県邑南町における人口シミュレーション例

毎年一%の取り戻しで人口安定化が可能

私たちが開発した人口分析のプログラムでは、男女五歳刻みの人口を五年ごとに見てゆくだけで、「このまま行くとどうなるか」という予測に加えて、「各地域であと何組、毎年何人、どの世代の定住を増やせば、人口が安定するのか」という「処方箋」が具体的に見えてきます。

図6は、島根県の中山間地域にある邑南町全体の分析事例です。

二〇一〇～一五年現在の人口動態がそのまま推移した場合の人口および高齢化率と、二〇代前半男女・三〇代前半子連れ夫婦・六〇代前半夫婦が一五組ずつ（合計四五組・一〇五人）定住した場合を比べたものです。毎年人口の一%弱（二〇一五年現在の町人口は一万一三三九人）の人数の定住を、世代のバランス良く実現できれば、人口の安定化が達成できることがわかります。

同様の予測と「処方箋」を、よりきめ細かく島根県の全県二二七地区で実施し積み上げてみました。すると、合計で一二五一世帯・二九二〇人の移住・定住を実現すれば、全地区で人口安定化が可能になることが判明しています。これは、島根県中山間地域全体の人口二九万八三九七人（二〇一五年）の一％弱に当たります。二〇一四年度に政府が策定した「国土のグランドデザイン」の資料でも、この「一％戦略」が紹介され、二〇一〇年時点の全国の山間地域に当てはめても、高齢化と子どもの数が安定し、人口も現状の八割程度で安定することが立証されています。

「毎年二九二〇人」という数字は、首都圏人口三五六二万人（二〇一〇年）の「一万分の一」にすぎません。仮に、島根県の中山間地域で進むのと同じような人口還流が全国四〇の道県で進んだとしても、動く人口の合計は一〇万人強です。東京周辺へは毎年一〇万人ペースで流入超過となっており、内閣府の「人口ビジョン・総合戦略」はその解消を打ち出していることを考えると、この入超人口を東京に集めずに地方に分散できるなら、全国の中山間地域の人口安定化は見えて来る、ということなのです。人口の「一％取り戻し」という戦略は、現場の最新かつ詳細なデータから積み上げられ、全国的な人口移動の状況から見ても整合性のあるビジョンなのです。

ただし、これから住民が主人公となって地域人口の安定化を実践しようとするなら、市町村全体の定住目標を掲げるだけでは、具体的な動きはなかなか生まれません。定住の場となる小学校区や公民館区などの地元ごとに、地域を守るために必要な定住増加目標を算出し、この数字に見合う所得の創出や住宅の整備を、具体的に考えていく必要があります。

ひとつ気を付けてほしいことは、欲張って一気に一〇％や二〇％の移住者を増やそうとしないことです。それは、やがては一気に減少や高齢化が訪れる、かつての「団地の失敗」の繰り返しになるからです。急激な流入は地域社会にも定着しにくいでしょう。ゆっくり一％ずつ進めることに意味があります。

所得の一％取り戻しは「足元」から

地域人口を毎年一％取り戻すために必要な所得増は、当然、地域全体の所得の一％になります。これまでの自治体の産業政策は、大規模な企業誘致や特産品開発、観光振興などの一発逆転「ホームラン狙い」が目立ちました。結果として「三振の山」を築く場合も多かったのではないでしょうか。

現実的に見れば、中山間地域では食料や燃料などかつて大部分を域内で自給していたものも、大半を域外から調達しています。地方都市圏の経済循環を分析しても、住民所得の総額に匹敵する金額を域外から調達しているという現実があるのです。しかし、ここまで外部依存が進んでしまえば、これを逆手にとることが出来ます。毎年の域外調達の一％にあたる額を域内生産に切り替え、地域経済に取り戻せば、所得一％分の創出につながる、という「逆転の戦略」が成立するからです。これなら、どの地域でも始めることができるはずです。

例えば、中山間地域研究センターの家計調査データ例（有田昭一郎主席研究員）によると、各世帯はパンを年間三万円も買っています。これは、三〇〇世帯・人口一〇〇〇人の村では、ほぼ一〇

○○万円分のパンの需要があることを意味します。このパンを外から買うから人口が減るのです。元気なイタリアの山村のように、地元の原料を使って地元で焼けば、一組の定住者(パン屋)とおいしいパンが生み出されるのです。

つまり、今までは「ダダ漏れ」の「穴のあいたバケツ」で水を汲み、外からのお金の流入が足らないと嘆いていたわけです。これからは、農山漁村ならではの「地元の底力」に着目して、着実に一%ずつ、食料やエネルギーなど出来るところから自給に切り替えて穴を塞ぎ、所得を取り戻していけばよいのです(**図7**)。それは、お金だけの問題にとどまらず、地域の自然や伝統に根ざした暮らしの魅力を取り戻すことにもつながるはずです。

「合わせ技」と「結節機能」

図7　地域経済の「穴」を塞ぎ，所得を取り戻す

出所：“*Plugging the Leaks*”(New Economics Foundation，2002)掲載図を基にした『季刊地域』24号，22頁(農文協，イラスト：河野やし)より一部転載.

人口と所得の取り戻しについて基本戦略が見えてきたところで、定住と循環を支える地域社会の仕組みを考えていきましょう。

これまで、中山間地域の生産や居住の小規模性・分散性は、不利な条件とされてきました。「規模の経済」の実現のため、ひたすら、各分野の大規模化・専門

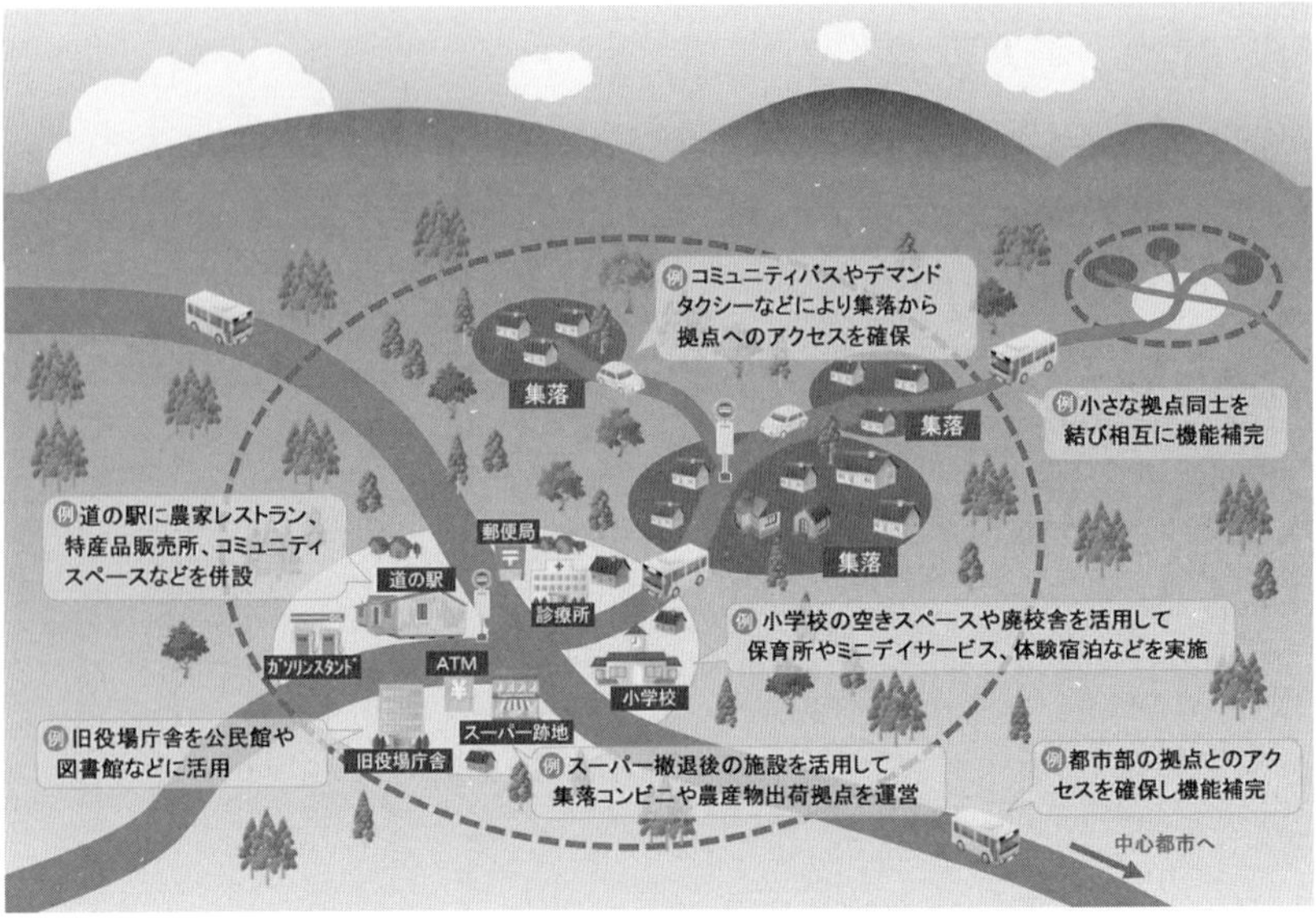

図 8　「合わせ技」で定住と循環を支える「小さな拠点」

出所：『「小さな拠点」ハンドブック（実践編）』国土交通省国土政策局，2015 年.

化・広域化が進められてきたのです。しかし、中山間地域の本質は、ひとつひとつの「谷ごと」「集落ごと」の自然と暮らしが織りなす、その多彩な営みにこそ、あるのではないでしょうか。流行りの言葉で言えば、自然と暮らしの「ロングテール」（小規模で多種の生産・販売が積み上がることで生む、総体のメリット）を切り捨てず活かす社会技術にこそ、活路があります。これからの中山間地域に求められる社会システムは、分野ごと・集落ごとに、一未満の「〇・二」や「〇・三」「〇・五」といった小規模で分散的な資源・生産・流通・需要を地域ぐるみでつなぎ直して、「一・〇」にしていく「合わせ技」です。自然界の生物多様性と同じく、さまざまな生産や活動を共生という多角形でつなぎ直す社会技術を追求することで、中山間地域は循環型地域社会の先駆者としてよみがえることでしょう。定住実現を目指すさまざまな地域で、住民出資で多分野横断的な事業組織を立ち上げ、地元の小規模生産やサービス提供を「合わせ技」として支える動きが始まっています。

前述の「国土のグランドデザイン」や国の総合戦略で打ち出される「集落地域における〈小さな拠点〉構想」も、そうした事業組織と連携して「合わせ技」の拠点になるなら、定住と地域の循環経済を支える「砦《とりで》」となり得ます（図8）。

自然界には、量的な成長を無限に続けるものは存在しません。経済学者のシュンペーターが言うように、進化や革新は、既に「あるもの」同士の「新たな結合」がもたらすのです。細やかな自然や人々の営みを丁寧につなぎ直していく新たな「結節機能」を、それぞれの地元で組織・人材・拠点を組み合わせて、創っていきたいですね。これらの基礎的な「結節機能」から積み上げられる新しい文明のネットワーク構造は、肥大化し暴走しがちな「経済」を、もう一度「自然」と「暮らし」の間に「埋め戻し」、持続可能な形でつなぎ直すことでしょう。

記憶が紡がれる暮らしと地域へ

近年の団地やマンションなど、人々が相互に暮らしの営みの記憶を共有しない地域が形成されつつあり、危惧を覚えます。これはおそらく、歴史上初めてのことではないでしょうか。誰かが死んでも、その人が生きた記憶が残らず伝わらなければ、それはとても悲しい社会です。

私は、民芸運動の創始者である柳宗悦の「日々の暮らしこそ凡《すべ》てのものの中心」（『手仕事の日本』一九四七年）という言葉を思い起こします。

日々の暮らしを脇に置いたまま、社会や政治を議論したり、何かを進めてみたりしても、それは矛盾だと思うのです。自分の周りの地域を、生き生きとした、重みのある、しかも記憶に残るような暮らしの場所にするよう、われわれはやはり、手間暇かけなきゃいけない。ともに手を携えて自然に働きかけ、丹精込めて美しく彫琢《ちょうたく》したものこそが、記憶にも残り、次の世代を勇気づけます。私たちは皆、いずれ死んでいく存在です。だからこそ、美しい営みを次の世代へと伝えていく、末長い輪の中に身を置きたいと思います。

そういう暮らしの奥深い「取り戻し」と連動してこそ、初めて田園回帰の意味があり、都市と農村がパートナーとして分かち合うものも生まれると思います。実際、島根に移住される方々には、つながりある暮らしを志向する方々が多いのです。

各地域の田園回帰の取り組みも、中央からの補助金獲得を争って蹴落とし合う「トーナメント戦」方式ではなく、互いを磨き合う「リーグ戦」方式で進めたいですね。ダイヤモンドを磨くことができるものは、ダイヤモンドだけです。地域も、地域同士でこそ、高め合うことが出来ます。そうした地域の「創発的進化」や地域内での「つなぎ直し」をサポートする地域マネージャーや公務員といった人材を、今までにない「田舎のプロ」として育成したいものです。地域ブロックごとに連合大学院のようなものを設立して、アジア・アフリカの明日を担う若者も参画し、インターローカルで交流する、という構想はどうでしょう。

五年後に、ぜひまたこのメンバーで集まって、その後の展開を確かめ合いたいと思います。長続きする地域への進化を確かめ合える仲間の輪が、都市も農村も越えて広がることを祈って、未来像を共有する輪を全国にリレーしていきましょう。

小田切徳美

1959年生まれ．明治大学農学部教授．農政学，農村政策論，地域ガバナンス論．著書『農山村再生』(岩波ブックレット)，『農山村は消滅しない』(岩波新書)，『農山村再生に挑む』(岩波書店)ほか．

広井良典

1961年生まれ．京都大学こころの未来研究センター教授．公共政策，科学哲学．著書『日本の社会保障』『定常型社会』『ポスト資本主義』(いずれも岩波新書)ほか．

大江正章

1957年生まれ．ジャーナリスト，コモンズ代表，アジア太平洋資料センター共同代表．著書『地域の力』『地域に希望あり』(ともに岩波新書)，『農業という仕事』(岩波ジュニア新書)ほか．

藤山 浩

1959年生まれ．島根県中山間地域研究センター研究統括監，島根県立大学連携大学院教授．中山間地域政策，地域計画．著書『田園回帰1%戦略』，共著『地域再生のフロンティア』(ともに農山漁村文化協会)ほか．

田園回帰がひらく未来
—農山村再生の最前線

岩波ブックレット 950

2016年5月10日 第1刷発行

著 者 小田切徳美《おだぎりとくみ》，広井良典《ひろいよしのり》，大江正章《おおえただあき》，藤山《ふじやま》 浩《こう》

発行者 岡本 厚

発行所 株式会社 岩波書店
〒101-8002 東京都千代田区一ツ橋 2-5-5
電話案内 03-5210-4000 販売部 03-5210-4111
ブックレット編集部 03-5210-4069
http://www.iwanami.co.jp/hensyu/booklet/

印刷・製本 法令印刷 装丁 副田高行 表紙イラスト 藤原ヒロコ

ISBN 978-4-00-270950-5 Printed in Japan

読者の皆さまへ

岩波ブックレットは，タイトル文字や本の背の色で，ジャンルをわけています．

赤系＝子ども，教育など
青系＝医療，福祉，法律など
緑系＝戦争と平和，環境など
紫系＝生き方，エッセイなど
茶系＝政治，経済，歴史など

これからも岩波ブックレットは，時代のトピックを迅速に取り上げ，くわしく，わかりやすく，発信していきます．

◆岩波ブックレットのホームページ◆

岩波書店のホームページでは，岩波書店の在庫書目すべてが「書名」「著者名」などから検索できます．また，岩波ブックレットのホームページには，岩波ブックレットの既刊書目全点一覧のほか，編集部からの「お知らせ」や，旬の書目を紹介する「今の一冊」，「今月の新刊」「来月の新刊予定」など，盛りだくさんの情報を掲載しております．ぜひご覧ください．

▶岩波書店ホームページ　http://www.iwanami.co.jp/ ◀
▶岩波ブックレットホームページ　http://www.iwanami.co.jp/hensyu/booklet ◀

◆岩波ブックレットのご注文について◆

岩波書店の刊行物は注文制です．お求めの岩波ブックレットが小売書店の店頭にない場合は，書店窓口にてご注文ください．なお岩波書店に直接ご注文くださる場合は，岩波書店ホームページの「オンラインショップ」(小売書店でのお受け取りとご自宅宛発送がお選びいただけます)，または岩波書店〈ブックオーダー係〉をご利用ください．「オンラインショップ」，〈ブックオーダー係〉のいずれも，弊社から発送する場合の送料は，1回のご注文につき一律380円をいただきます．さらに「代金引換」を希望される場合は，手数料200円が加わります．

▶岩波書店〈ブックオーダー〉 ☎049(287)5721　FAX 049(287)5742 ◀